"O PENSAMENTO"
Em Evolução

CÍRCULO ESOTÉRICO
DA COMUNHÃO DO PENSAMENTO

100 ANOS
1909 - 2009

ADILSON SILVA RAMACHANDRA

"O PENSAMENTO"
Em Evolução

CÍRCULO ESOTÉRICO
DA COMUNHÃO DO PENSAMENTO

100 ANOS
1909 - 2009

A História da Primeira Ordem Esotérica do País
e sua Influência na Filosofia Espiritualista Brasileira

Editora
Pensamento
SÃO PAULO

Copyright © 2010 Adilson Silva Ramachandra.

Todos os direitos reservados. Nenhuma parte deste livro pode ser reproduzida ou usada de qualquer forma ou por qualquer meio, eletrônico ou mecânico, inclusive fotocópias, gravações ou sistema de armazenamento em banco de dados, sem permissão por escrito, exceto nos casos de trechos curtos citados em resenhas críticas ou artigos de revistas.

A Editora Pensamento-Cultrix Ltda. não se responsabiliza por eventuais mudanças ocorridas nos endereços convencionais ou eletrônicos citados neste livro.

Revisão: Melania Scoss.

Dados Internacionais de Catalogação na Publicação (CIP)
(Câmara Brasileira do Livro, SP, Brasil)

Ramachandra, Adilson Silva
  "O Pensamento" Em Evolução: Círculo Esotérico da Comunhão do Pensamento: 100 anos — 1909-2009 / Adilson Silva Ramachandra. — São Paulo: Pensamento, 2010.

  "A história da primeira ordem esotérica do país e sua influência na filosofia espiritualista brasileira".
  Bibliografia
  ISBN 978-85-315-1643-6

  1. Círculo Esotérico da Comunhão do Pensamento — História
2. Esoterismo 3. Espiritualidade 4. Ocultismo I. Título.

10-04227   CDD-133

Índices para catálogo sistemático:
1. Círculo Esotérico da Comunhão do Pensamento :
História : Filosofia espiritualista de ordem esotérica   133

O primeiro número à esquerda indica a edição, ou reedição, desta obra. A primeira dezena à direita indica o ano em que esta edição, ou reedição, foi publicada.

Edição	Ano
1-2-3-4-5-6-7-8-9-10-11	10-11-12-13-14-15-16

Direitos reservados
EDITORA PENSAMENTO-CULTRIX LTDA.
Rua Dr. Mário Vicente, 368 – 04270-000 – São Paulo, SP
Fone: 2066-9000 – Fax: 2066-9008
E-mail: pensamento@cultrix.com.br
http://www.pensamento-cultrix.com.br
Foi feito o depósito legal.

Este livro é dedicado

à Patrícia do Valle Guillen; "Musa Inspiradora",
fiel companheira e grande amiga de todas as horas,
que nos momentos mais difíceis consegue sempre
ver o que há de melhor em mim.

Com todo o meu amor...

...e também ao meu grande "encaminhador",
editor e bisneto de AOR, Ricardo Ferraz Riedel,

Gratidão Eterna por me apontar
a direção certa nesta vida.

SUMÁRIO

Apresentação, *de José Maria Nogueira* 11

Prefácio, *de Ricardo Riedel* 13

Agradecimentos 17

Introdução 19

CAPÍTULO I   O Materialismo Científico e as Sociedades Secretas —
Ordem, Progresso e Espiritualidade no Último Quartel do
Século XIX 21

CAPÍTULO II   O Ocidente, o Oriente e a Busca da Síntese — Uma
Nova Era para a Evolução Humana Tem Início — O Parlamento
Mundial de Religiões, Swami Vivekananda e o Início do Diálogo
Espiritual: Entre a Fé e a Pluralidade do Pensamento — Sementes
para um Novo Amanhã 25

CAPÍTULO III   Imigrações e Iniciações na Aurora do Século XX —
Antonio Olivio Rodrigues: um Português na Capital da Solidão
— O Homem e o Buscador: uma Vida de Aspiração — O Princípio
do Martinismo e outros Grupos Esotéricos no País do Café 31

CAPÍTULO IV   O Princípio do Pensamento Esotérico na Vida Cotidiana
Brasileira e a Imprensa Popular na São Paulo do Começo do Século XX
— A Revista *O Pensamento* — O Consultório Brasil Psychico-Astrológico
e a Fundação do Círculo Esotérico da Comunhão do Pensamento 41

8 "O PENSAMENTO" EM EVOLUÇÃO

CAPÍTULO V O Pioneirismo de Antonio Olivio e a Difusão de Livros
Esotéricos e Espiritualistas no Brasil: a Emp. Typ. Ed. O Pensamento,
o *Almanaque do Pensamento* e o Instituto de Sciencias Herméticas 51

CAPÍTULO VI Novos Rumos para a Espiritualidade Brasileira:
a Expansão dos *Tattwas* e dos "Colégios Iniciáticos" — O CECP se
Consolida na Sociedade Nacional e Internacional — A Fundação da
Biblioteca do Círculo, a História do Prédio da Torre e a Criação
da Policlínica O Pensamento.. 63

CAPÍTULO VII Mundos em Colisão — Transições no Brasil e no Mundo:
da Revolução de 1932 à Segunda Guerra Mundial — Os Filiados do
Círculo Esotérico e a Vida Cotidiana e Espiritual Brasileira da Década
de 1930 ao Início dos Anos 1940 91

CAPÍTULO VIII AOR Cumpre a sua Missão — O Círculo Esotérico e
a Família Riedel: Transições e Transformações — Da "Passagem" de
Antonio Olivio ao Jubileu de Ouro do CECP... 103

CAPÍTULO IX Dos Anos Dourados aos Anos Rebeldes — Mudanças,
Choques Culturais e Espiritualidade no Brasil: dos Anos 1960 ao Início
dos Anos 1970 — Conservadorismo e a Era de Aquário — O Círculo
Esotérico e o Novo Salão Nobre: o Fim de uma Era de Ouro.................... 125

CAPÍTULO X "Pra Frente, Brasil!" — Aberturas Políticas e Culturais;
Mudanças Lentas e Graduais — O Último Período da Ditadura Militar
e a Transformação Política do Brasil — O Caldeirão da Nova Era
Começa a se Aquecer — A Interiorização do CECP e a Preparação
de um Novo Despertar. 141

CAPÍTULO XI Anjos, Astrologia, Numerologia, Magia, Mentalismo e
Mestres Ascensionados — O Círculo Esotérico da Comunhão do
Pensamento e sua Profética Visão do Movimento da Nova Era —
Sincretismo Religioso e Renascimento Espiritual — Síntese para
o Novo Milênio 149

CAPÍTULO XII   O Futuro Começou: Novo Século, Novas Perspectivas —
A Preparação para o Novo CECP: o Resgate das Origens e as
Adaptações à Era da Tecnologia do "Eu Sou Virtual" — Cem Anos de
História, um Único Ideal — AOR Vive! 169

ANEXO I   Os *Tattwas*: Cem Anos dos Centros de Irradiação Mental —
A Espiritualidade e a Cultura no Brasil e no Mundo, Cultivadas por
meio das "Células Espirituais" do CECP 181

ANEXO II   Os *Tattwas* Ativos Atualmente 199

ANEXO III   Cem Anos de Transformações de Consciência em Fragmentos
de Entrevistas com os Filiados do CECP 201

ANEXO IV   Composição da Atual Diretoria do CECP 209

Fontes 210

Bibliografia 213

Sobre o Autor 216

APRESENTAÇÃO

Ninguém ignora como é difícil a qualquer entidade comercial ou espiritual atingir um século de existência. Qual a atitude que tais sociedades necessitam pôr em prática a fim de alcançar tão sublime resultado? Apenas a confiança absoluta na assistência divina e a total honestidade de propósitos.

Você, e todos nós, como afirmou São Paulo, "somos Templos Vivos de Deus". Ele está em nosso interior, esperando apenas que O manifestemos em pensamentos, palavras e atos. Ninguém pode nos transformar, a não ser nós mesmos. A luta é interior, consistindo numa batalha entre os vícios e as virtudes de que somos portadores. O Bhagavad-Gita, considerado como a poderosa canção da humanidade, exibe-nos essa luta, da qual o amor e a pureza, quando mostram o imenso poder de que são dotados, trazem a seus detentores a vitória incontestável dos bons sentimentos.

Se o Círculo Esotérico da Comunhão do Pensamento alcançou o glorioso patamar dos cem anos de existência, foi porque sempre exaltou, pelo exemplo de seus fundadores e fiéis seguidores, as possibilidades inimagináveis de que somos possuidores, como filhos do Pai Supremo. Não há dúvida quanto à existência de forças negativas contrárias, inclusive em algumas criaturas que provavelmente tentaram denegrir nossa Amada Ordem com o intuito de prejudicá-la e destruí-la. No entanto, a fé e a confiança irrestritas no apoio das Energias Divinas permitem-nos enfrentá-las com êxito absoluto.

Baseados, portanto, nessas forças superiores, conseguimos superar as deficiências ainda latentes em nosso interior, vencendo principalmente a nós mesmos. Se, como dizem os Mestres de Sabedoria, somos os artífices do nosso próprio destino, cabe-nos lutar com o máximo de nosso empenho para a concretização dos mais sublimes ideais daqueles que nos legaram tão majestosa obra. A luta é de cada um de nós, no intuito de atingir a paz e a felicidade que todos buscamos. Trata-se de uma batalha constante, no âmago de nosso ser, na certeza de que, assim agindo, atingiremos o ápice da harmonia e do amor que nos farão compreender que, como disse o Amado Mestre Jesus, nós somos um.

José Maria Nogueira
Presidente Delegado Geral

PREFÁCIO

(Do discurso de Ricardo Ferraz Riedel para o centenário do
Círculo Esotérico da Comunhão do Pensamento — CECP)

Como bisneto de Antonio Olivio Rodrigues, fico extremamente honrado em prefaciar este livro, e de poder tecer algumas palavras, destacando-o como IRMÃO MAIOR desta centenária Ordem, e sua importância para a filosofia espiritualista brasileira.

Meu bisavô chegou ao Brasil em 1890, vindo residir em São Paulo. Nascido em uma aldeia de Portugal no ano de 1879, ele trazia na bagagem o que centenas de milhares de outros imigrantes também traziam: o desejo ardente de trabalhar e vencer na vida.

Com as sobras de seu salário de operário, AOR passou a frequentar os alfarrabistas e comprar obras de Kardec, Flammarion e outros mestres do pensamento espiritualista universal. E noite após noite, depois de uma dura jornada de trabalho, estudou sem cessar, dirigindo sua atenção a autores ainda não publicados por aqui, incluindo as obras de Blavatsky, Éliphas Lévi, Swami Vivekananda, Prentice Mulford, Ramacharaca, F. Ch. Barlet e outros.

O visionário AOR não tardou a fazer intercâmbio de ideais com as várias sociedades ocultistas que surgiram no mundo naquela época. Dentre elas, ele se afiliou a três: a Ordem Martinista, a Ordem Rosa Cruz e a Sociedade Alquímica da França. Meu bisavô também sentiu interesse pelo estudo do magnetismo psíquico, e foi com muita vontade de aprender que entrou em contato com Heitor Durville, do Institute Magnétique de France, e, em 1908, acabou obtendo o diploma de magnetizador — seu segundo diploma naquele ano, pois já havia conseguido um do Institute of Science, de Rochester, no estado de Nova York.

Por ser a primeira pessoa a obter tais títulos no Brasil, virou notícia e recebeu os parabéns dos jornais.

Antes disso, em 26 de junho de 1907, AOR fundou a Editora Pensamento, com a publicação da obra de Heitor Durville, *Magnetismo Pessoal*. Além de trabalhar na divulgação do livro, ele passou a fazer esboços de horóscopos e cálculos astrológicos. A exatidão dos seus cálculos comprovava as predições anunciadas, fazendo com que as pessoas ficassem pasmas com a sua estranha faculdade, pois conseguia adivinhar o passado e, mais assombroso ainda, predizer o futuro.

Sua determinação e sua coragem cresceram ainda mais e ele teve a ousadia de lançar um periódico mensal de estudos ocultistas, nascendo assim, em 1º de dezembro de 1907, a revista *O Pensamento*. Em seu artigo de apresentação, AOR declarava não ser ligado a quaisquer filiações religiosas ou científicas e que seu único intuito era fornecer leitura útil e prática sobre tudo que se relacionasse com o magnetismo psíquico.

A ideia geral de uma comunhão do pensamento — a formação de uma cadeia mental para vibração de ondas pensantes e irradiadoras de paz e harmonia entre os homens — foi divulgada na revista a partir do terceiro número, tendo sido acolhida com grande entusiasmo pelos leitores.

Mas as ideias para a efetiva formação da fraternidade só foram expressas na edição de dezembro de 1908, na qual foi publicado o seguinte texto:

> *"Conserva-te firme no caminho da vida; arroja para longe de ti os pensamentos de orgulho, vaidade e egoísmo e espera tranquilo o abrir-se a porta do seu templo para serem revelados os mistérios da tua existência. De todas as partes temos recebido comunicações dos benéficos efeitos do Círculo do Pensamento. Aos nossos irmãos em pensamento enviamos nossos pensamentos de paz e harmonia."*

As adesões foram tantas, e cresceram em um ritmo tão animador, que, em 27 de junho de 1909, meu bisavô AOR fundou, de fato, o CECP, a primeira ordem ocultista do Brasil, adotando como divisa as luminosas palavras: HARMONIA, AMOR, VERDADE e JUSTIÇA.

O trabalho realizado nos três anos seguintes gerou um novo impulso com a instalação das oficinas gráficas, trazendo desenvolvimento não só para o Círculo, mas também para a Editora e a Livraria. Nessa época o Círculo se tornou amplamente conhecido por causa das grandes edições do jornal *O Astro*, que era distribuído por todo o Brasil, divulgando os ideais de seus três patronos inspiradores: Éliphas Lévi (que simbolizava o pensamento ocidental), Swami Vivekananda (o pensamento do Oriente) e Prentice Mulford (o pensamento moderno americano).

Em 27 de junho de 1926, um acontecimento marcante surgiu na vida pública da cidade de São Paulo, com o lançamento da pedra fundamental da futura sede do Círculo, no Largo São Paulo, pois o edifício da Rua Dr. Rodrigo Silva ficara pequeno para abrigar tantas atividades. Surgiria então no Largo São Paulo (depois rebatizado como Praça Almeida Junior) o famoso Prédio da Torre, que por muitos anos acolheu as reuniões dos filiados ao CECP.

Com o falecimento do meu bisavô em 1943, meu pai, Diaulas Riedel, então com 23 anos e recém-casado com minha mãe, Daisy — neta de AOR —, assumiu a direção da Editora Pensamento e o compromisso de continuar o legado de AOR no CECP, tornando-se delegado geral, função que ocupou por mais de quatro décadas, dando continuidade aos ideais da Ordem.

Em 1968, o Prédio da Torre foi desapropriado para dar lugar às obras que fariam a ligação leste-oeste da capital paulista, e o montante pago pela prefeitura foi bem inferior ao que o prédio valia. Desse modo, o CECP ficaria sem poder construir sua nova sede.

Para que isso não acontecesse, meu pai comprou esse terreno, na Rua Odorico Mendes, com os recursos da desapropriação, e com recursos próprios construiu o prédio para abrigar a nova sede do CECP, para que os ideais de AOR e outros mestres pudessem ter continuidade.

Hoje a preservação e divulgação das divisas de HAVJ são cada vez mais necessárias, diante do estado em que se encontra o nosso planeta na atualidade. E muito precisará ser feito nas próximas décadas em termos de conscientização. E para pessoas como nós, com consciência espiritual, a responsabilidade é muito grande. Precisamos respirar os ideais desta Ordem, agora centenária, como nunca fizemos antes, e deles fazer a nossa prática na vida diária, trazendo, dessa forma, um sopro de vida nova ao CECP.

Esta é a primeira Ordem Esotérica do país, com grande influência na filosofia espiritualista brasileira ao longo destes 100 anos. Sintam a importância desta instituição. Procurem dar continuidade ao trabalho de meu bisavô e de meu pai, trazendo luz e conhecimento às novas gerações. Vamos nos renovar nestes 100 anos. Esse é um apelo — mais que isso, é um chamado a todos os filiados.

Muito obrigado.

Ricardo Riedel
Diretor Presidente da
Editora Pensamento-Cultrix

AGRADECIMENTOS

Este livro é fruto de um intenso trabalho de pesquisa e da colaboração de um sem-número de pessoas que me ajudaram a resgatar esta comovente história da ordem esotérica mais antiga do Brasil e de seu pioneiro fundador, Antonio Olivio Rodrigues.

A todos os que me ajudaram a concluir este trabalho, mesmo que não tenham seus nomes citados aqui, agradeço imensamente as histórias, informações e atas de reunião, bem como o material de arquivo que me foi enviado pelos *tattwas*, e a todos os entrevistados. Enfim, agradeço às pessoas que tornaram possível a existência deste livro, principalmente Dirceu Pinheiro, por sua verdadeira viagem no tempo na deliciosa entrevista que nos concedeu; sem as suas preciosas informações, muitas lacunas ficariam abertas neste livro.

Meus agradecimentos especiais aos idealizadores deste projeto: Rodrigo Silva Martins, Valdir Poveda Caldas (que muito ajudou nas entrevistas, com sua fantástica memória e narrativa cinematográfica), Ricardo Ferraz Riedel e José Maria Nogueira, o presidente delegado geral da Ordem na atualidade.

A Rodrigo Silva Martins devo um especial "obrigado" pelo esforço de tentar conseguir o máximo possível de informações para que a pesquisa andasse. Sem a sua infinita calma, sua infinita paciência e colaboração, e o seu "poder sobrenatural" de bilocação — o ato de estar em dois lugares ao mesmo tempo, ou seja, desdobrar-se em dois, literalmente —, este livro seria apenas um sonho não realizado.

Muito obrigado a todos os funcionários, colaboradores e prestadores de serviço do Círculo: Dalva Maria Bachiega, Élcio Antonio Lima, Eliseu Martins Junior, Izete Brito dos Santos, Jessé de Oliveira Arcanjo, Magda Gomes, Nilson Cianci, Salete Vieira, Sebastiana Maria Albuquerque dos Santos e Dirce Vivian Rodrigues (por sua ótima entrevista e a dedicação a este projeto). Muito obrigado a todos.

Novamente agradeço ao poeta Sérgio Huber por digitar e revisar o manuscrito inicial, e por sua insana corrida contra o tempo, ao meu lado, para honrar os prazos de entrega da redação final e das entrevistas; e por sua contribuição com o texto de quarta capa. Talento imensurável!

E finalmente minha gratidão imensa à apresentação e ao prefácio de José Maria Nogueira e Ricardo Ferraz Riedel, que, por meio de seus discursos, trouxeram o espírito de AOR do fundo de seus corações para esta obra.

Muito obrigado às minhas queridas companheiras de trabalho, com quem tanto aprendo: Roseli Ferraz, Denise Delela, Zilda Hutchinson, Denise Pessoa (pelas caronas) e toda a equipe da Editora Pensamento-Cultrix, especialmente ao departamento de revisão e composição, sob o comando de minha admirada colega Nilza Agua, e a Suzana Riedel Dereti pelo seu verdadeiro trabalho de Designer na belíssima capa deste livro.

As imperfeições e imprecisões, que porventura forem encontradas nesta obra, são de minha inteira e completa responsabilidade, pois, apesar de todo o meu empenho neste trabalho, elas, as Imperfeições, fazem parte da vida e nos ajudam a seguir adiante, sempre em busca de um caminho mais justo e perfeito com relação às adversidades que encontramos em nossa efêmera existência terrena.

O Autor

INTRODUÇÃO

Brasil, ah, o Brasil! A pátria do evangelho. A terra da bem-aventurança. E Deus? Ora, Deus é brasileiro! Portanto, este é um país místico e mítico. País de muitas crenças, superstições e lendas desde antes de sua fundação ou, como diziam os portugueses, "achamento".

Nas lendas celtas, o Brasil era apenas uma entre as muitas "ilhas movediças" que sumiam nas brumas marítimas sempre que uma nau delas se aproximava. Seu nome: *Hy Brazil.*

E o que dizer então de nossa futurista capital, Brasília? Desde o século XVI foi profetizada inúmeras vezes. João Bosco, um santo italiano do século XIX, teve "visões" sobre a capital brasileira em 1883.

No ano de 1822 surgiu, em Lisboa, um livreto redigido nas Cortes determinando que "no centro do Brasil, entre as nascentes dos confluentes do Paraguai e do Amazonas, fundar-se-á a capital do Brasil com a denominação de Brasília" (Bueno, 2002, p. 352).

O Brasil foi instituído como colônia de Portugal e inventado como "terra abençoada por Deus", a qual, se dermos crédito a Pero Vaz de Caminha, "Nosso Senhor não nos trouxe sem causa"; palavras que ecoariam nas de Afonso Celso, escritas quatro séculos depois: "Se Deus aquinhoou o Brasil de modo especialmente magnânimo, é porque lhe reserva alevantados destinos" (Chauí, 2000, pp. 57-58).

Com tamanha grandeza e um pendor sincrético para o misticismo em suas mais variadas facetas, o país do futuro não passaria ileso pelo fenômeno dos "colégios iniciáticos", das sociedades secretas e das ordens esotéricas que surgiram no "mundo civilizado" a partir da segunda metade do século XIX.

Mais que um subproduto espiritualista da Segunda Revolução Industrial — uma nêmesis mística contra o materialismo —, essas sociedades visavam o resgate de um conhecimento há muito perdido, desde a "Era de Ouro" da civilização humana.

O resgate sistemático e universalista desse conhecimento iniciático — a Filosofia Perene, a Doutrina Secreta e os muitos outros nomes dessa corrente filosófica que visa, na realidade, a integração do pensamento e do espírito por meio da Harmonia, do Amor, da Verdade e da Justiça — só foi dado a conhecer aqui em nossa amada *terra brasilis* por intermédio desta ordem, agora centenária, que é o Círculo Esotérico da Comunhão do Pensamento — CECP, a precursora de todas as demais "escolas" do gênero em nosso país e um inabalável exemplo de que suas divisas acima citadas — Harmonia, Amor, Verdade e Justiça (HAVJ) — fizeram muito pela cultura espiritualista brasileira.

Nesses cem anos de atividade, desde sua fundação no longínquo ano de 1909 por Antonio Olivio Rodrigues, nosso querido irmão AOR, o Círculo permanece levando, por meio de seus *tattwas*, o conhecimento esotérico de vanguarda aos rincões mais distantes de nosso país.

Para poder contar essa comovente história, vamos nos distanciar de nosso caótico mundo atual e empreender uma viagem ao pacato início do século XX. O Brasil, país de muitas culturas, línguas, cores e nomes, misturados em seu caldeirão de ideias e ideais libertários, tem muito a nos contar sobre as origens das assim chamadas "sociedades secretas".

O Círculo Esotérico da Comunhão do Pensamento foi o pioneiro; entretanto outros colégios iniciáticos surgiram desde sua fundação. Neste livro histórico e comemorativo procuraremos não só mostrar a importância dessa magnífica instituição, mas também seu papel fundamental de "desbravadora de mentes".

Sem o surgimento do Círculo, muitas das ideias que influenciariam gerações nesses cem anos nem sequer teriam existido em nosso país, como o próprio movimento Nova Era e as escolas esotéricas ligadas à comunicação com os Mestres Ascensionados da Grande Fraternidade Branca.

Através da história dessa instituição espiritualista, bem como a de seus membros, e das histórias da cidade de São Paulo, do Brasil e do pensamento esotérico (por aqui disseminado pelo Círculo e por outras ordens esotéricas), faremos uma viagem em busca de respostas para os "por quê" e os "como" uma ordem esotérica como o CECP e, depois dele, tantas outras instituições parecidas encontraram espaço na sociedade de um país com uma população de mais de 80% de analfabetos e majoritariamente católica. Procuraremos aqui responder a algumas dessas questões que surgem na cabeça e no coração de todos os brasileiros que realmente amam esta terra sagrada, o nosso "lendário" país do futuro.

Boa leitura.

CAPÍTULO

I

O Materialismo Científico e as Sociedades Secretas — Ordem, Progresso e Espiritualidade no Último Quartel do Século XIX

Não há religião superior à Verdade.
— Lema da Sociedade Teosófica

No último quartel do século XIX, o advento da Segunda Revolução Industrial, também chamada de Revolução Técnico-Científica, começa a mudar radicalmente a forma de se pensar o mundo.

A ciência e as novas tecnologias prometem banir para sempre todos os males do mundo civilizado e levar o progresso, a saúde e a ordem para as partes mais distantes e selvagens do globo.

A busca de matérias-primas para sustentar o vertiginoso crescimento das indústrias, bem como de novos mercados para a comercialização dos excedentes produzidos por elas, leva nações como Inglaterra e França, juntamente com outras nações europeias, a colonizar o mundo "não civilizado", formado pela África, o Sudeste Asiático e a Austrália e demais ilhas da Oceania, a um fenômeno conhecido como "neocolonialismo" ou "imperialismo".

O mundo transforma-se rapidamente. Com todas as mudanças que ocorrem, as pessoas passam a se sentir maravilhadas com as novas tecnologias, como a eletricidade, e com todos os benefícios advindos delas.

O sem-número de fábricas — e, às vezes, os milhares de operários numa única unidade —, com suas imensas turbinas e demais maquinarias gigantescas, cria um grande distanciamento daquele que foi o mundo até o início do século XIX.

O fenômeno das metrópoles começa a se fazer sentir em muitas capitais europeias, como Viena, por exemplo, que o escritor Karl Kraus chama de "estação experimental para o fim do mundo".

A insalubridade também começa a dar os seus primeiros passos, com contingentes enormes de trabalhadores vivendo em cortiços apertados e sujos, já que não podem

22 "O PENSAMENTO" EM EVOLUÇÃO

pagar por um lugar melhor. A esse contingente juntam-se as crianças, que trabalham até 14 horas por dia, como os adultos, mas sem os mesmos direitos e salários.

O romance de Charles Dickens, *Oliver Twist*, nos dá uma boa visão dessas questões ao mostrar que as "maravilhas tecnológicas" não estavam disponíveis para todos, mas apenas para os que podiam pagar por elas.

"Modernidade" é a palavra de ordem nesse momento.

A grande sensação são as feiras ao redor do mundo — em grandes cidades como Paris e Nova York —, nas quais invento após invento, inovação após inovação, fazem com que as pessoas mais cultas e letradas comecem a se perguntar: "Para onde vai o mundo, com todo esse frenesi, toda essa ciência, todo esse materialismo desenfreado?"

O darwinismo social, de Herbert Spencer, dá sentido prático e força às novas elites que acreditam na máxima "que vença o melhor!".

Esse tipo de pensamento — aliado ao positivismo de Auguste Comte (com seu racionalismo cético, que nega *a priori* tudo que não é comprovado em laboratório), à recém-criada ciência da eugenia (ou "os belos genes" de Francis Galton, primo de Charles Darwin) e às teses médico-criminalistas do cientista italiano Cesare Lombroso — acabaria por criar as bases para os não tão distantes nacionalismos racistas: verdadeiras religiões de Estado que, à espera de seus messias apocalípticos, demorariam menos de 50 anos para surgir em figuras como Hitler, Mussolini e Stalin.

Perguntas, como a citada acima, começam a pedir urgentemente respostas que possam ser um contraponto a essas mentalidades, ao mundo e à evolução humana. Nossa espécie, nossa humanidade, não pode se deixar "maquinizar" assim tão facilmente e de uma hora para outra. Faz-se mister um desenvolvimento espiritual diferente de tudo o que se praticou e que foi possível até então.

As antigas sociedades secretas, que visavam uma forma avançada de evolução espiritual para o ser humano, não são exatamente uma novidade no Velho Mundo no último quartel do século XIX. Antigas e místicas ordens rosa-cruzes já existiam de forma bastante velada desde os princípios do século XVII, bem como sociedades alquímicas, centros de estudo da cabala e centenas de lojas maçônicas. No entanto, todas essas sociedades, como seus próprios nomes denotam, eram por demais fechadas, herméticas mesmo, tanto em seu sentido filosófico quanto material. Apenas alguns indivíduos tinham acesso a esses locais e, claro, todos do sexo masculino, com raríssimas exceções.

Contudo, com o advento do fenômeno das mesas girantes e dos médiuns, que começaram a se tornar famosos em grande parte da Europa de 1840 em diante, pessoas cultas e curiosas para presenciar tais experimentos começaram a se interessar por novas formas de entender o "espiritual" e o "invisível".

Um desses curiosos foi o pedagogo francês Hippolyte Leon Denizard Rivail — famoso por seu pseudônimo Allan Kardec, o codificador da doutrina espírita. Kardec ficou extremamente intrigado com o assunto. Para a mentalidade da época, teria de haver uma explicação científica para tais fenômenos. Allan Kardec recebe, então, por meio de perguntas e respostas, várias informações sobre a vida, a morte e o desenvolvimento espiritual do ser humano. Essas respostas são dadas pelos espíritos Fenelon, Swedenborg, Santo Agostinho, São Luís, São Vicente de Paula e pelo Espírito da Verdade, que muitos identificam como sendo o mestre Jesus. As respostas surgem por intermédio da experiência dos *raps*, que consistem em batidas na mesa de trabalho, dizendo "sim" ou "não" às perguntas, além de um intenso trabalho de transe mediúnico.

O fenômeno torna-se conhecido do grande público e alcança vários países do Velho Mundo e das Américas, como os Estados Unidos — através das demonstrações das irmãs Fox — e o Brasil, onde os fenômenos espiríticos logo começam a adquirir contornos de religião organizada.

Muitos outros investigadores desses fenômenos surgem em todo o mundo, e grupos e agremiações de estudo são formados para entender e reproduzir tais manifestações. Uma dessas pessoas é Helena Blavatsky, que funda a *Société Spirite* em 1872, no Cairo, para estudar e incentivar as práticas dos fenômenos mediúnicos codificados por Kardec.

Pouco tempo depois, ela se decepciona com a falsidade que presenciava nas pessoas de caráter fraco envolvidas nas experiências. Por causa dessas mentiras, desfaz o grupo.

Mas Madame Blavatsky fica famosa logo após sua ida para os Estados Unidos, onde funda, junto com o coronel Henry Steel Olcolt, a Sociedade Teosófica em 1875, na cidade de Nova York.

O capitalismo selvagem, que acabava de se instalar na sociedade, principalmente dos grandes centros, logo é exportado para as várias partes do mundo que estavam saindo de uma cultura francamente agrária para abraçar firmemente as ideias e ideários da Revolução Científico-Tecnológica. Nesses locais, as energias do trabalho, sem a contrapartida da responsabilidade social, logo acabam criando as bases para a Revolução Socialista (que ocorreria na Rússia, em 1917).

Com esse pano de fundo, surgem também contrapartidas de cunho espiritualista, como a Sociedade Teosófica de Madame Blavatsky, durante todos os últimos 25 anos do século XIX. Tornam-se um contraponto ao materialismo exacerbado desse período; uma alternativa às práticas comuns das religiões organizadas, que criavam mais perguntas do que respostas na mente do cidadão médio. O fenômeno dos "colégios iniciáticos", das sociedades espiritualistas e dos centros de estudos "científicos" — para o estudo das leis espirituais universais — começa a varrer o "mundo civilizado" e incorporar-se ao imaginário popular.

O novo estilo de vida tecnológico, que vai se fixando na vida cotidiana das pessoas, cria um solo fértil e propício para elas buscarem — tal como a ciência fazia com

Papus, o fundador da Ordem Martinista

quase tudo — uma explicação mais palpável e mais sólida que os meros ritos das religiões tradicionais.

Crer apenas, como havia sido até então, não basta. Neste momento, as pessoas começam a se abrir para o autoconhecimento e para a necessidade de crer num Deus pessoal e latente em seu interior. Diante de toda essa tecnologia, as religiões organizadas já não dão mais sinal de que podem elucidar as pessoas com relação aos fenômenos da natureza e aos sentidos interiores do ser humano. Uma tecnologia espiritual faz-se necessária para tentar compreender esse mundo.

De 1875 em diante, várias sociedades secretas, colégios iniciáticos, fraternidades rosa-cruzes e centros de estudos psíquicos são fundados em todos os centros do "mundo civilizado" (conforme a terminologia usada na época).

Na França, entre 1885 e 1888, são fundadas a Ordem Martinista, por Gérard Encausse, mais conhecido como Papus; a Ordem Cabalística da Rosa-Cruz, por Stanislas de Guaita; e a Sociedade Alquímica da França, por Jovillet-Castellot, juntamente com o grande ocultista Saint-Yves D'Alveydre, autor do controverso livro *Missão da Índia na Europa*.

Em vários outros lugares do mundo surgem entidades parecidas, como a famosa Ordem Hermética da Aurora Dourada, fundada em 1888 na Inglaterra e fortemente inspirada em rituais de origem maçônica. Suas principais figuras são Samuel MacGregor Mathers e W. Wyn Westcott, mas várias personalidades da época integram a Ordem, como o poeta William Butler Yeats, que chegou a escrever vários de seus rituais, e o famoso "mago" Edward Alexander Crowley — sim, ele mesmo, Aleister Crowley, o fundador da Igreja de Thelema e um dos líderes da Ordo Templi Orientis (OTO), fundada por Karl Kellmer em 1896.

Principalmente na América do Norte — na cidade de Chicago —, mais que o fenômeno do surgimento dos colégios iniciáticos, um grande evento está prestes a lançar as raízes de uma nova era de conhecimento espiritual para toda a humanidade.

* * *

CAPÍTULO

II

O Ocidente, o Oriente e a Busca da Síntese — Uma Nova Era para
a Evolução Humana Tem Início — O Parlamento Mundial de Religiões,
Swami Vivekananda e o Início do Diálogo Espiritual: Entre a Fé
e a Pluralidade do Pensamento — Sementes para um Novo Amanhã

Somos o que nossos pensamentos fizeram de nós;
portanto tome cuidado com o que você pensa.
As palavras são secundárias.
Os pensamentos vivem; eles viajam longe.
— Swami Vivekananda

Em 1893, a cidade de Chicago hospeda uma exposição mundial, a World's Columbian Exposition, destinada a comemorar o quarto centenário do descobrimento da América por Cristóvão Colombo. (Ela foi o prelúdio da grande feira mundial que ocorreria em Paris em 1900.)

De todas as partes do mundo afluem pessoas para Chicago a fim de participar das conferências chamadas "congressos" ou "parlamentos", em que ocorrem discussões intelectuais, assistidas por uma multidão; algo sem precedentes na história até então. Oportunidades como essas — participar de palestras que trazem conhecimentos de vanguarda — são raras nessa época.

A palavra de ordem é "vanguarda". Para a mentalidade vigente, vanguarda e progresso equivalem a sucesso, dinheiro e poder.

A exposição de Chicago foi projetada para exibir o progresso material do homem ocidental, especialmente nos campos da ciência e da tecnologia. Entretanto, concordou-se que todas as formas de progresso deviam estar representadas.

Um grande número de participantes se reúne na exposição, incluindo as áreas mais diversas de conhecimento e seus respectivos profissionais, tais como antropólogos, médicos, literatos, artistas, filósofos, cientistas; e claro, entre eles, os líderes religiosos.

26 "O PENSAMENTO" EM EVOLUÇÃO

Todos esses intelectuais têm participação em seus próprios parlamentos. Um desses, talvez o mais lembrado ou famoso, é o Parlamento Mundial de Religiões, que ocorre entre os dias 11 e 27 de setembro, presidido pelo cardeal Gibbons. Esse congresso fica marcado como o primeiro grande encontro entre as tradições espirituais do Ocidente e do Oriente.

(Outro como esse — da mesma proporção — só aconteceria cem anos depois, no Conselho para o Parlamento Mundial das Religiões, novamente em Chicago; nele foi, ao mesmo tempo, celebrada a data histórica do primeiro evento e iniciada uma nova fase desse — ainda — difícil diálogo. Atualmente, esse evento é reconhecido como a ocasião do nascimento oficial do diálogo inter-religioso mundial.)

Em Chicago, dentre os mais diversos participantes de longínquas áreas de todo o globo, algumas religiões, como a dos nativos americanos, por exemplo, não tiveram representantes neste evento, pois não foram convidadas a participar, mas as novas religiões, como o espiritualismo e a ciência cristã, têm suas representações.

Líderes ou representantes do budismo theravada, do jainismo e do hinduísmo também são incluídos nesse evento tão importante para a fé, a espiritualidade e a religiosidade universal.

Dentre todos os participantes, um dos mais lembrados (até hoje) por seu discurso eloquente e comovente é Swami Vivekananda, representante do hinduísmo.

Seu discurso marca o início do interesse ocidental pela filosofia Vedanta, pela meditação e pelo Yoga — até então, estudadas apenas por orientalistas acadêmicos —, que até esse momento eram vistas apenas como um exotismo oriental, mera curiosidade para alguns excêntricos.

(Desde a aurora do século XX, esse "exotismo" mudaria muito e se tornaria um sistema espiritual vital para o pensamento religioso e filosófico dos ocidentais, principalmente na segunda metade do século, graças às "tribos" urbanas conhecidas como *beatniks* e *hippies*, nas décadas de 1950, 1960 e 1970. Esse sistema espiritual tornou-se um importante componente do sincrético movimento Nova Era, nos anos 1980, e atingiu, na virada do século XX para o XXI, o meio corporativo das grandes metrópoles mundiais como uma importante ferramenta contra o *stress* e a depressão.)

Swami Vivekananda causa furor ao iniciar seu discurso assim: "Irmãos e Irmãs da América"; é ovacionado durante três longos minutos por uma plateia de sete mil pessoas. Em um dos trechos mais fortes e emocionantes, ele diz:

Lamento profundamente que alguém possa sonhar com a sobrevivência exclusiva de sua própria religião e com a destruição de todas as outras. Chamo a atenção de quem pensa dessa forma para o fato de que, sobre a bandeira de qualquer resistência há: cooperação, e não confronto; inclusão, e não destruição; harmonia e paz, e não discórdia.

A vanguarda desse tipo de pensamento causa espanto e comoção nos participantes, pois o que Vivekananda pede são ações espirituais práticas, a base "científica" da Karma Yoga — nela se pratica o bem a fim de anular as ações negativas, e não para a acumulação de méritos. Para Vivekananda, ser tolerante e praticar o bem são uma obrigação espiritual e moral para com o planeta e para com os semelhantes.

Vivekananda impressiona muitas pessoas em sua visita; dentre as mais importantes, estão o agnóstico Robert Ingersoll, a cantora lírica Madame Calvé e o famoso cientista e inventor croata Nikola Tesla (que trabalhou com Thomas Edison e descobriu a corrente alternada, propiciando eletricidade segura e barata para todo o mundo; ficou conhecido como o "Prometeu pós-moderno").

Swami Vivekananda

* * *

Nascido Nadrendranath Dutt, em 12 de janeiro de 1863, na cidade de Calcutá, o futuro monge capricorniano Vivekananda pertencia a uma família aristocrática. Desde a infância, manifestou um grande amor pela verdade e pela pureza das coisas, tendo assumido posteriormente uma rígida e austera castidade religiosa a fim de evitar que seu corpo e sua alma se corrompessem. Mas, assim mesmo, não aceitava a religião como um simples ato de fé; julgava tal comportamento como um cego fanatismo religioso, destituído de qualquer espiritualidade.

Em sua busca espiritual incessante foi até Dakshineswar com o objetivo de conhecer Ramakrishna, de quem ouvira falar como sendo um grande mestre, detentor de imensuráveis poderes espirituais. Nadrendranath tinha apenas 18 anos na época.

Quando ele se aproximou dos aposentos do mestre, em companhia de alguns amigos, que elogiavam sua voz, Ramakrishna solicitou-lhe que entoasse algumas canções sagradas. Seu canto tocou espiritualmente o mestre, levando-o ao estado de *samadhi*, ou êxtase.

Ao sair do êxtase em que se encontrava, Ramakrishna conduziu o jovem Nadrendranath até uma galeria próxima ao seu quarto e lhe disse, com lágrimas nos olhos:

"Por que fizeste eu te esperar por tanto tempo? Há muito que esperava verter minha alma no coração de alguém capaz de receber minha mensagem."

Nadrendranath estranhou tal atitude, pensando que o mestre era um louco; mas, logo a seguir, ouvindo-o falar a outras pessoas, ficou surpreso com a lógica e a sinceridade das palavras de Ramakrishna, bem como com seu imenso conhecimento, que demonstrava uma profunda sabedoria espiritual contida em seu raciocínio.

O jovem *chela*, ou discípulo, foi embora, mas a experiência o marcou profundamente e fez com que regressasse ao local outras vezes.

Em sua terceira visita, ao ser tocado pelo mestre, perdeu a consciência por completo. Nesse estado, foi interrogado por Ramakrishna sobre seus antecedentes espirituais, assim como sobre a sua missão neste mundo e a duração de sua vida terrena. Revelou tratar-se de um sábio que já havia alcançado a perfeição e que, no dia em que encerrasse sua verdadeira natureza, deixaria o corpo "em yoga", por sua própria vontade.

Mais tarde, em 1884, quando seu pai faleceu, deixando a família na mais completa miséria, ele pediu a Ramakrishna que solicitasse à Divina Mãe os recursos necessários para a subsistência de sua família. Como resposta, o mestre recomendou que ele próprio fizesse o pedido. Mas, ao entrar no templo, Nadrendranath se esqueceu do que desejava e pediu à Divina Mãe apenas conhecimento, renúncia, amor e libertação.

Somente quando ele foi para os Estados Unidos, em 1893, para representar seu mestre no Parlamento Mundial de Religiões, é que recebeu o nome de Swami Vivekananda — nome sugerido pelo marajá de Khetri, que, juntamente com o marajá de Mysore, pagou-lhe as despesas de viagem.

Seu período de vida físico-terrena foi bastante curto; Vivekananda fez sua passagem para o plano superior dos mestres com apenas 39 anos de idade. Ele estava em seu quarto, em estado de meditação havia mais de 40 minutos, quando chamou os monges e, mandando-os abrir todas as janelas, deitou-se no chão e ficou imóvel. Depois de uma hora, exalou um profundo suspiro e entrou em silêncio total, dessa vez para sempre.

Os discípulos e monges entenderam que se tratava de uma saída voluntária por parte do mestre — estado esse conhecido como *mahasamadhi*, o êxtase total após o abandono consciente do corpo físico.

Seus discípulos notaram gotas de sangue em uma das narinas, perto da boca e em um dos olhos de Vivekananda. O médico que examinou seu corpo disse que se tratava do rompimento de um vaso sanguíneo no cérebro, mas a *causa mortis* real jamais foi explicada.

Antes de seu falecimento, e depois de voltar a Calcutá, Vivekananda fundou, em 1897, a Ordem Ramakrishna cujo lema é: "Buscar a própria realização espiritual e servir a Deus no homem".

* * *

Seu discurso no Parlamento Mundial de Religiões em Chicago não é apenas sobre o vedanta, o hinduísmo e a tolerância. Swami Vivekananda ensina que "o homem tem por objetivo não o prazer puro e simples, mas o conhecimento".

Em menos de uma década após o seu passamento, a semente dos ideais de tolerância para com todas as religiões e crenças, e dos ideais de harmonia, paz e firmeza do calmo pensar, trazidas ao Parlamento Mundial de Religiões por Vivekananda, encontram um solo fértil na América. Não na América do Norte, mas na do Sul. Não em uma nova religião tolerante, fiel aos seus ideais, mas em uma ordem esotérica, da qual ele seria um dos patronos inspiradores, um de seus instrutores espirituais.

Uma ordem espiritual em que os nobres ideais de Harmonia, Amor, Verdade e Justiça pudessem congregar quaisquer pessoas que quisessem viver esses ideais em seus corações, em seus atos, em suas palavras e, principalmente, em seus pensamentos; pessoas que formassem um círculo de irradiação mental de cura.

Um novo tempo estava em seu início. O país seria o país do futuro. (E a ordem duraria mais de cem anos.)

CAPÍTULO III

Imigrações e Iniciações na Aurora do Século XX —
Antonio Olivio Rodrigues: um Português na Capital da Solidão —
O Homem e o Buscador: uma Vida de Aspiração — O Princípio
do Martinismo e outros Grupos Esotéricos no País do Café

Aquele foi o melhor dos tempos, foi o pior dos tempos, aquela foi a idade da sabedoria,
foi a idade da sensatez, foi a época da crença, foi a época da descrença,
foi a estação de Luz, a estação das Trevas, a primeira esperança, o inverno do desespero:
tínhamos tudo diante de nós, tínhamos nada diante de nós,
íamos todos direto para o Paraíso, íamos todos direto em sentido contrário [...]
— Charles Dickens, *Um Conto de Duas Cidades*

Depois da proclamação da República, em 1889, com os mesmos ideais do positivismo impregnados no mundo ocidental, os republicanos positivistas levam os seus ideais para o lema da nova bandeira: "Ordem e Progresso".

As ideias de Comte já haviam "contaminado" republicanos históricos como Euclides da Cunha. Nesse momento, o Brasil entra no surto de modernidade que já varria a Europa e os Estados Unidos desde 1875, e começa a se preparar para o novo século (século que seria, como mostramos no Capítulo I, o da ciência, da tecnologia, do sanitarismo, da evolução e da eletricidade. O século XX seria o século das luzes, no sentido científico e tecnológico do termo).

Com ideais modernos, "a república recém-instalada decreta a liberdade de culto, a separação entre Estado e Igreja, o casamento civil, o ensino leigo, a reforma bancária e o código penal. Mais reformas em um ano do que nos cinquenta precedentes" (Donato, 1990, p. 13).

Após a abolição da escravatura, em 1888, e a proclamação da República, em 1889, não apenas essas transformações citadas por Donato começam a mudar a cara do Brasil imperial e provinciano.

Uma vertiginosa transformação dos costumes — bem como das cidades, que passam a "engolir" o sertão com seus avanços tecnológicos, como a expansão da rede ferroviária e de pequenas usinas hidroelétricas — começa a gerar desagrado e desconfiança em muitas pessoas, e Canudos é um símbolo dessa resistência, tão brilhantemente relatada por Euclides da Cunha em sua obra máxima, *Os Sertões*, lançada em 1902. Escritor pré-modernista, Euclides mostra por meio de sua obra-prima as mudanças que o país atravessa. Logo alguns de seus sonhos cientificistas se tornam realidade. Mas não sem trazer novos conflitos à jovem república e sua capital.

Mesmo não sendo novidade absoluta em algumas empresas e em refinados estabelecimentos comerciais, a eletricidade chega realmente a São Paulo em 1901, após a inauguração da Usina Hidroelétrica de Parnaíba. Com ela vem a luz elétrica e o serviço pioneiro de linhas de bondes que andam sozinhos, sem burros, como que puxados por uma estranha e misteriosa força.

Fundada no Canadá em 1899, a empresa The São Paulo Tramway, Light e Power inicia o processo de iluminação moderna, inaugurando o século XX na "capital da solidão"; pois, até então, a cidade era iluminada apenas por fracas luminárias a gás, que eram abastecidas pelo Gasômetro da Várzea do Carmo, construído em 1870.

Com a luz elétrica, chega o cinema e aumenta o número de teatros e confeitarias luxuosas, os quais logo mudariam os tradicionais hábitos dos paulistanos. Há uma transformação em sua vida noturna e em sua vida cultural e espiritual, pois se tornam possíveis as longas reuniões noite adentro, com os estudos e leituras não mais sendo feitos à luz de velas e lampiões.

(Mas uma cultura verdadeiramente popular que alcançasse as grandes massas só se tornaria realidade alguns anos depois, quando a luz elétrica já não mais causava tanto alvoroço.)

A cidade de São Paulo, na virada do século, agrupa uma vida boêmia em alguns pontos do centro e em bairros mais afastados, como o Brás e a Mooca, onde, num mesmo local, pode-se ouvir boa música, assistir a um espetáculo e comer uma boa refeição.

Locais onde imperam prostitutas, vícios e uma vida noturna mais à francesa, com suas jovens francesas e polacas, não são ainda lugares-comuns nesse início do século XX. Contudo, além dessas moças, São Paulo recebe imigrantes de várias partes do mundo para trabalhar principalmente na lavoura cafeeira e nas indústrias, que, a partir do advento da eletricidade, crescem de maneira vertiginosa.

O crescimento acelerado de São Paulo deve-se principalmente a três fatores: o café, as estradas de ferro e a urbanização de seus bairros. Para servir de residência aos barões do café que se mudam para a cidade, surgem os bairros planejados de Higienópolis e Campos Elíseos; além da inauguração da Avenida Paulista em 1891, com projeto do engenheiro uruguaio Joaquim Eugênio de Lima. A cidade cresce em razão de seus novos bairros, mas a população aumenta de forma mais acelerada. Em apenas 18 anos, a população passa de 23.243 moradores, em 1872, para 64.930, em 1890; e salta para impressionantes 130 mil, em 1895. Ou seja, dobra o número de residentes em apenas cinco anos. O mesmo ocorre com as fábricas: as 52, que havia em 1895, passam a ser 326, em 1907, empregando mais de 24 mil operários.

A maior parte dessa população é composta de imigrantes de várias partes do mundo. Em 1893, os estrangeiros já formam a maioria da população paulistana, totalizando 54,6% dos cidadãos da nascente metrópole.

Para conseguir dar conta de tanta gente que desembarca na capital paulista, o governo de São Paulo, sob o comando do Dr. Antonio Queiróz, constrói uma hospedaria no "afastado" bairro do Brás para receber os imigrantes. A Hospedaria dos Imigrantes é inaugurada em 1887.

Há uma grande diversidade de procedência dessa população: húngaros, croatas, judeus, armênios, sírios, libaneses, japoneses. Porém, o maior contingente é de italianos, logo seguido pelo de portugueses e espanhóis. Muitos deles, após sua passagem pela hospedaria, vão direto para as fazendas de café no oeste paulista; mas um grande contingente fixa-se na capital para se integrar ao quadro de operários das fábricas que surgem dia após dia na ainda pacata São Paulo da virada do século.

Um desses imigrantes, de origem portuguesa, que desembarcou em 1890 na crescente cidade, vindo de uma pequena aldeia, é o jovem Antonio Olivio Rodrigues. Com apenas 11 anos — nascido, portanto, em 1879 —, o rapazinho traz só o necessário em sua modesta bagagem: esperança e vontade de vencer na vida. (Ou, como se dizia na época: "Fazer a América".)

* * *

Os dados biográficos de Antonio Olivio, desse período, perdem-se e só parcas informações começam a surgir a partir de 1900, quando se casa com Aguida Marques, aos 21 anos de idade. O casal vai morar em uma modesta casa à Rua Barão de Iguape.

Como podemos prever, o jovem português trabalha como operário, sendo posteriormente jardineiro e jornaleiro. Em 1902, após um exaustivo dia de trabalho, Antonio Olivio — enquanto aguardava sua amada esposa preparar o jantar — sente vir à sua mente uma ideia vaga, ainda imprecisa, sobre sua vida, sobre o futuro e sobre o mundo em que vive.

Surge então no coração do jovem português uma vontade imensa de viver em um mundo mais justo, com ideais mais humanos e menos materialistas, onde virtudes como o Amor, a Verdade e a Justiça constituam uma poderosa força que traga harmonia e liberdade para a humanidade como um todo, e não apenas para as suas necessidades individuais mais imediatas.

Antonio Olivio Rodrigues, por volta de 1902

O inexperiente neófito percebe que é hora de começar a estudar, passando então a frequentar os estabelecimentos de livreiros alfarrabistas e adquirir, com as sobras de seus parcos rendimentos, obras espiritualistas, como as de Kardec (*Evangelho Segundo o Espiritismo*) e de Camille Flammarion (*Deus e a Natureza*), que foram lançadas por Garnier Editores entre 1875 e 1878.

O fenomenal surto de pesquisas psíquicas e a busca de uma visão menos materialista de mundo, como vimos nos capítulos iniciais, causam uma enorme demanda de estudos que possam corroborar essa visão, de tal forma que, de uma hora para outra, autores praticamente desconhecidos do público em geral começam a ser traduzidos para muitos idiomas, nos quais os autores nativos pouco têm a revelar sobre essa nova forma de encarar o místico e o espiritual.

Nomes como Max Heindel, Swami Vivekananda, Prentice Mulford, Yogui Ramacharaca e Helena Blavatsky não demoram a receber edições em espanhol. (E o jovem estudante começa a ter acesso a obras que só ganhariam uma edição em língua portuguesa uma década e meia mais tarde, em sua própria — e ainda não sonhada — editora.)

Sacrificando suas parcas economias, Antonio Olivio começa a acumular uma pequena pilha de brochuras em sua modesta mesa de pinho, com os autores já citados, entre outros.

Não satisfeito com seus novos tesouros filosóficos, o buscador da verdade começa a pensar em novos voos. Percebe que muitas das obras estudadas citam fraternidades de estudos espíritos, espiritualistas, alquímicos, cabalistas, rosa-cruzes e de pesquisas baseadas no magnetismo pessoal e no mentalismo. Surge então um forte impulso de se corresponder com algumas dessas fraternidades.

Dentre essas sociedades esotéricas, ele escolhe três, às quais se filia: a Ordem Martinista, a Ordem Rosa-Cruz e a Sociedade Alquímica da França (já citadas), e passa a se corresponder com elas. De Paris, recebe os periódicos *L'Initiation*, *Le Voile d'Isis* e *La Vie Mysterieuse*.

Com força e determinação, Antonio Olivio vence muitas barreiras em suas buscas filosófico-espiritualistas e avança noites adentro, estudando em seus livros e periódicos, muitos agora escritos em francês.

Com todo esse inspirador manancial de informações e ideias, certo dia Antonio Olivio tem um vislumbre de algo maior do que havia estudado, pesquisado e sentido até então.

Transcrevemos aqui suas próprias palavras, retiradas de seu discurso em comemoração aos 25 anos do Círculo Esotérico, publicado em 1934 na revista *O Pensamento*:

Certa ocasião, devia ser pelo ano de 1905 (não me recordo agora a data), estava eu, à tardinha, contemplando de uma janela o firmamento, como que a perscrutar os abismos do infinito. Surgiu então em meu espírito a ideia vaga de uma sociedade em que todos os amantes da Verdade pudessem abrigar-se, sem distinção de casta, raça, cor, religião, sexo, credo político e filosófico, e que comungassem dos mesmos ideais. Passou-se o tempo, até que, em 1906, entrei em contato com alguns pioneiros do espiritualismo no Brasil. Em 1907, fundou-se em São Paulo a Loja ocultista "Amor e Verdade", da qual fiz parte e que teve vida efêmera, desaparecendo em poucos meses no esquecimento, porém, deixando em meu espírito uma viva recordação.

A loja esotérico-ocultista Amor e Verdade é, de fato, uma loja martinista que tem no posto de delegado geral o Dr. Horácio de Carvalho, o qual foi iniciado por Papus, o fundador moderno da Ordem.

Nas grandes cidades, e mesmo nas pequenas, como Curitiba e Pelotas, as agremiações de estudos espíritos, espiritualistas e teosóficos não são novidade no princípio do século XX.

Os precursores da Loja Amor e Verdade iniciam-se nas cidades citadas. Em Curitiba, surgiu em 10 de julho de 1900 o Centro Esotérico Luz Invisível, que tinha como local de reuniões um dos salões do Club Curitibano, tendo ali funcionado por alguns anos. Já em Pelotas, começou a funcionar em 1902 uma agremiação de estudos focada na teosofia de Madame Blavatsky, chamada Grupo Dharma.

Mas a Loja Amor e Verdade não é o primeiro "braço" martinista na América do Sul, pois, em junho de 1904, o Supremo Conselho da Ordem Martinista, presidido pessoalmente por Papus, através da Carta Patente nº 141, designa o poeta e filósofo Dario Vellozo como Soberano Delegado Geral da Ordem Martinista para o Brasil. Vellozo era S.I. IV (XDR/8), iniciado por Papus, mas, após alguns anos tentando organizar a Ordem Martinista no Brasil, sem grande êxito, abandona essa missão e dedica-se à fundação do Instituto Neo-Pitagórico, em Curitiba, no ano de 1909.

Porém, no Brasil, a Ordem Martinista tem outros caminhos e continuidades, e vamos agora expandir um pouco o que até então só foi citado.

* * *

36 "O PENSAMENTO" EM EVOLUÇÃO

Muito pouco, ou melhor, quase nada se sabe sobre o martinismo no Brasil. Logo depois de sua grande expansão no mundo, levada a efeito por Papus, este nomeia inúmeros delegados em várias partes do mundo, entre os quais Dario Vellozo. Porém, o espírito do martinismo chega realmente ao Brasil pelas mãos de outro iniciado: Albert Raymond Costet, conde de Mascheville, ou CEDAIOR (seu nome iniciático e pelo qual viria a ser conhecido).

Ele foi iniciado em 1892 por Ivon Leloup, SEDIR, e pouco tempo depois de sua iniciação tornou-se mestre de cerimônias da Loja Hermanubis, presidida por SEDIR, onde se estudava principalmente a tradição oriental. Cabe aqui citar que, em 1895, Papus nomeou-o Delegado Especial do Supremo Conselho da Ordem Martinista; por esse cargo já haviam passado famosos esoteristas, como F. Ch. Barlet, Joséphin Peladan e Oswald Wirth, entre outros.

Ao lado de seu mestre, CEDAIOR – SDR/2 – H, realiza muitas experiências de psicometria e, entre 1889 e 1909, dedica-se à maçonaria e aos estudos orientais e martinistas.

É inspirado por uma profecia feita por um de seus mestres espirituais, chamado Valentinius, que lhe dissera: "Tudo o que fazes na França é apenas preparatório para ti. A tua missão espiritual/pessoal é do outro lado do mar. Nada mais és para o Velho Mundo!" CEDAIOR, juntamente com sua esposa e filho, decide dar um novo rumo ao seu caminho espiritual e vem para a América do Sul.

Desembarca com a família em Buenos Aires, em 26 de fevereiro de 1910. Traz consigo apenas sua bagagem intelectual, como os seus conhecimentos da cabala. CEDAIOR é doutor em *Kabballah*, pela Ordem Kabballistica da Rosa-Cruz, fundada por Stanislas de Guaita, como já citamos.

Seu trabalho de divulgação do martinismo é muito difícil nesse momento e rende poucos frutos, apesar de ele receber apoio dos maçons. Durante sua permanência na Argentina, funda a Igreja Expectante, em 17 de agosto de 1919.

Mas, devido à grande amizade que desenvolveu com uma brasileira, chamada Ida Hoffmann, CEDAIOR decide concentrar seus esforços no Brasil.

Chega aqui em 1923 e, inicialmente, vai morar em um sítio em Joinville, Santa Catarina, de propriedade de sua querida amiga. A Sra. Ida era conhecida pelo nome iniciático de PEREGRINA e foi iniciada por Theodor Reuss, grão-mestre do Rito Antigo e Primitivo de Memphis-Misraim e chefe da O.T.O., Ordo Templi Orientis.

Em 30 de novembro de 1924 chega ao Brasil o filho mais velho de CEDAIOR: Léo Alvarez Costet de Mascheville, que estava prestando serviço militar e fazendo contato com os meios martinistas. Léo foi iniciado por seu pai, em 1920, e adotou o nome simbólico-iniciático de JEHEL.

A chegada de JEHEL dá um novo alento a seu pai e, juntos, empreendem uma nova investida no martinismo brasileiro, no sentido de reacender a chama da Ordem em nosso país.

JEHEL, CEDAIOR e o restante da família se mudam para Curitiba, cidade em que conhecem finalmente Dario Vellozo, com quem já se correspondiam por carta há muitos anos. Ambos propõem a Vellozo que ele faça um movimento de reorganização do martinismo na América do Sul, iniciando a grande obra por Curitiba.

Mas Dario, por causa de sua idade avançada e seu precário estado de saúde, transfere para CEDAIOR essa responsabilidade e as suas funções de Soberano Delegado Geral para o Brasil, mas permanece como seu grande irmão espiritual e amigo.

Em 22 de agosto de 1925 é fundada, em Curitiba, a Loja Hermanubis, em homenagem à primeira loja que CEDAIOR frequentou em Paris. A loja curitibana está situada à Rua 15 de novembro, junto às oficinas gráficas do jornal *Diário da Tarde*, que é de propriedade do Dr. Generoso Borges de Macedo, também filiado à Ordem.

Pai e filho fundam no ano seguinte a Loja Papus, em Goiás; e nos anos posteriores difundem o martinismo em várias partes do Brasil, indo enfim residir em Porto Alegre, em 1931.

É justamente nessa cidade que encontram os fatores propícios para levar adiante a sua causa, tais como a prosperidade financeira e homens realmente abertos à vida iniciática. Assim, o impulso que faltava ao martinismo no Brasil é finalmente encontrado.

Mas uma mudança ocorre na vida de CEDAIOR: ele vai residir em São Paulo, junto aos martinistas dessa cidade. Entretanto, por causa de sua idade avançada, ele transfere a direção da Ordem para seu filho JEHEL.

Apesar do pouco que se sabe sobre a história do martinismo no Brasil, a expansão da Ordem em território nacional, como os próximos fatos mostrarão, deve-se ao trabalho de Léo de Mascheville, JEHEL, pois até 1936 ainda é tímida a atuação das poucas lojas estabelecidas e pingavam um a um os "discípulos" que delas participavam.

Depois do falecimento de Dario Vellozo, em 28 de setembro de 1937, somente dois anos mais tarde, no dia 23 de dezembro, é que a ordem martinista consegue reunir todos os seus congregados, conforme estabelecia sua Constituição Geral, em uma loja central, fundada por JEHEL em Porto Alegre. O nome da loja, Cedaior, é uma clara homenagem a seu pai, e ela abriga a Ordem Martinista da América do Sul.

Em Porto Alegre, CEDAIOR parte deste mundo em 1943, deixando um legado esotérico-espiritual preciosíssimo, que resultaria no aparecimento de mais de trinta lojas martinistas espalhadas pelo Brasil, as quais manteriam os princípios do esoterismo judaico-cristão, "Amor e Verdade".

* * *

Nos poucos meses de 1907 em que a loja martinista Amor e Verdade existiu, Antonio Olivio Rodrigues, segundo seu próprio discurso transcrito anteriormente, consegue compartilhar de forma mais prática, ao lado de outras pessoas, o seu amor pelos estudos esotéricos. E torna-se S.I. no curto período em que essa loja existiu.

Os participantes dessa ordem esotérica — apesar de terem uma posição social e uma formação cultural superiores às do humilde estudante, que na época trabalhava como jornaleiro — ficam impressionados com o nível dos estudos espirituais de Antonio Olivio, que receberia o nome iniciático de AOR. De origem hebraica, essa palavra significa "fogo", mas em seu sentido superior: a energia mental do intelecto superior e espiritual, relacionada, no hinduísmo, com os "mundos ardentes" da Agni Yoga, o "yoga do fogo".

A Loja Amor e Verdade está então organizada da seguinte maneira: como presidente, Horácio de Carvalho, conhecido divulgador das ideias espiritualistas; e, como secretário, Raul Silva, que se tornaria autor da futura Editora O Pensamento. Entre os companheiros estão: Dr. José Luíz de Almeida Nogueira, então senador do Estado; Dr. Milhomens, o cônsul do Uruguai Eduardo de Carvalho; Miguel Mugnani, diretor da Seção no Tesouro do Estado; Herculano José de Carvalho, ex-cônsul na Suíça; A. Baptista, chefe dos escritórios da S. P. Railway; e o Profº Genésio Rodrigues, tradutor do primeiro livro da futura Editora O Pensamento, entre outros. Mas, como dissemos, essa loja tem vida curta — apenas poucos meses do ano de 1907.

Cabe aqui dizer que AOR também frequentou a Loja Martinista de São Paulo, dirigida pelo Dr. Viana de Carvalho, entre os anos de 1906 e 1908.

Dentre os muitos interesses de AOR, está o estudo do magnetismo psíquico ou pessoal, oriundo das pesquisas iniciadas pelo médico alemão Franz Anton Mesmer, que trabalhava com curas magnéticas, hipnotismo (ou mesmerismo) e magnetismo animal.

No magnetismo psíquico, o indivíduo aprende a controlar a si mesmo, e não a outra pessoa, mas também amplia sua força de caráter para influenciar de modo positivo as pessoas e o ambiente ao seu redor. Uma de suas áreas, como nos estudos de Mesmer, é a cura magnética à distância.

Assim, Antonio Olivio não tarda a se corresponder com Heitor Durville, do Institute Magnétique de France, e iniciar um curso à distância. Entusiasmado com o livro do seu mestre, *Magnetisme Personnel*, antes mesmo de finalizar o curso, Antonio Olivio pede os direitos da tradução e a autorização para publicá-lo no Brasil; é atendido prontamente.

Tão logo obtém o consentimento, procura seu amigo e grande iniciador nas artes ocultistas Genésio Rodrigues, que era perfeitamente fluente em francês, para traduzir a obra. Para publicá-la, AOR não mede esforços, sacrificando suas economias no primeiro livro da nascente Emp. Typ. e Ed. "O Pensamento", fundada em 26 de junho de 1907.

O livro é distribuído pela Biblioteca Psyquica Paulista, ligada ao Consultório Brasil Psychico-Astrológico — ambos idealizados por AOR e com sede à Rua da Glória, nº 23, no bairro da Liberdade, em São Paulo. O prédio também abriga a residência de Antonio Olivio, nos fundos.

Daí em diante, o jovem português enfrenta muitas lutas por ser um pioneiro num campo em que muitos já haviam tentado e desistido: trazer ao povo do maior país católico do mundo uma nova forma de pensar a espiritualidade e a vida cotidiana.

Uma grande missão espiritual estava para mudar o destino de AOR para sempre.

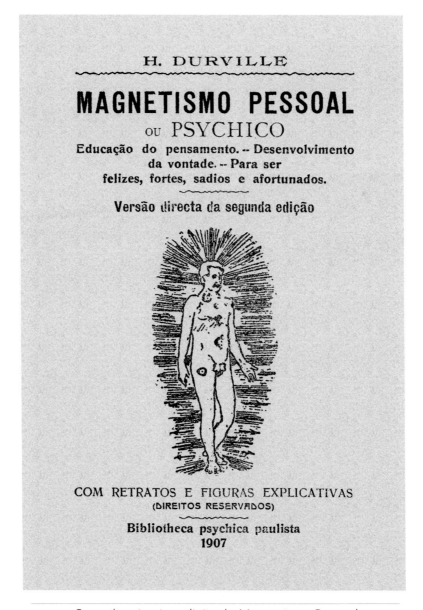

Capa da primeira edição de *Magnetismo Pessoal*

CAPÍTULO

IV

O Princípio do Pensamento Esotérico na
Vida Cotidiana Brasileira e a Imprensa Popular na São Paulo do
Começo do Século XX — A Revista *O Pensamento* —
O Consultório Brasil Psychico-Astrológico e a
Fundação do Círculo Esotérico da Comunhão do Pensamento

Não devemos permitir que a língua
corra adiante do pensamento
Chilon

Desde 1869, quando Luís Olympio Telles de Menezes lançou o primeiro periódico espírita de que se tem notícia em todo o território nacional — o *Echo d'além Túmulo, Monitor do Spiritismo no Brazil*, impresso nas oficinas tipográficas do *Diário da Bahia* e lançado em todo o país —, começaram a surgir outros periódicos. É de grande importância salientarmos aqui que, se não fosse o esforço desses pioneiros, que abriram passagem para outros, não teria sido possível divulgar tão cedo no Brasil as pesquisas espiritualistas e os escritos de cunho esotérico.

Uma dessas publicações pioneiras é a *Revista da Sociedade Psychica de São Paulo, Capital*. Esse periódico trimestral de estudos herméticos (magnetismo, esoterismo, psiquismo, teosofia, espiritismo, etc.) foi lançado em 1º de julho de 1899. A sede da sociedade e a redação da revista estavam localizadas na Rua Boa Vista, nº 42, para onde era dirigida toda a correspondência enviada à Mlle. Suria Macedo (Monteiro, 2003, p. 44). O periódico teve curta existência, pois foram lançados apenas dois números.

Eis outros periódicos espíritas, espiritualistas ou maçons que tiveram uma duração maior e também foram muito populares, ainda que localmente: *Espiritualismo Experimental* (1886), *O Evolucionista* (1887), *Verdade e Luz* (1909), *Jornal de Homeophatia* (1902), *O Oriente* (1903), *A Verdade* (1902), *A Nova Revelação, A Luz da Verdade* (1903) e *Jornal Official* (1903, maçom), todos da cidade de São Paulo; e *Perdão, Amor e Carida-*

41

de (1894), de Franca, São Paulo, entre muitos outros similares existentes em outros estados da República. Esses periódicos representavam um contraponto e uma alternativa para as pessoas que procuravam outras formas, além dos livros sagrados das religiões oficiais, de se informar sobre o que acontecia no Brasil e no mundo em termos de espiritualidade moderna.

A cidade de São Paulo, ao lado da capital federal, é provavelmente a localidade de maior surgimento de periódicos e revistas ilustradas no final do século XIX até as primeiras décadas do século XX.

Havia de tudo! Revistas de agronomia, de esportes, de educação, femininas, técnicas, de bairros. Almanaques artísticos e teatrais para todos os gostos, e as revistas populares, que comentavam a vida cotidiana, as notícias, os fatos e as fofocas, e satirizavam muitas vezes a política e os políticos.

Publicações (com nomes que hoje nos soariam ingênuos), tais como *A Rolha — Semanário Independente... Enquanto Puder, O Parafuso, A Farpa, Figuras e Figurões, Caras y Caretas, France-Brasil, O Pirralho, O Queixoso, Arara, A Vespa, A Cigarra* e *A Garoa*, entre uma infinidade de outras, suprem com informações preciosas e também com muitas imagens a parcela da população que não pode pagar a assinatura de revistas francesas, as quais são um privilégio das pessoas abastadas, que têm acesso a obras de arte, como o milionário Eduardo Prado e o famoso jurista Alfredo Pujol.

Muitos desses periódicos ilustrados têm uma vida efêmera, surgindo e desaparecendo ao longo de um ano ou menos, logo dando lugar a outros que, assim que saem do prelo, ganham a simpatia dos órfãos da publicação anterior.

A curta duração se dá por vários motivos, mas um dos principais é o desagrado causado por suas "tiradas" sarcásticas contra o governo ou contra algum figurão, achincalhado por um personagem esdrúxulo.

Nesse tipo de revista não é raro que artistas italianos, que lançam mão de um sarcasmo feroz, façam cartuns, caricaturas e ilustrações cheias de humor e ironia, baseados nas tragédias cotidianas da cidade, como as enchentes, por exemplo, que mostram paulistanos chiques e de cartola andando de barco pelas ruas do centro. O precursor, e talvez o mais famoso, é Angelo Agostini.

Caricaturista, desenhista, ilustrador, pintor, crítico e gravador, Agostini participa dos mais importantes periódicos da época, como *O Mequetrefe, A Vida Fluminense* e *O Mosquito*, da capital federal; e os paulistanos *Diabo Coxo* e *Cabrião*. (Esses semanários, revistas e afins tinham, na sociedade daquela época, um papel muito importante; a imprensa independente cumpria a função que hoje é cumprida pela televisão, rádio e principalmente a internet, por ser ainda mais "livre".)

Esses artistas e jornalistas enfrentam às vezes uma censura violenta, como acontece com o jornal *A Plebe*, de orientação anarquista e um furioso defensor da causa operária, que é "empastelado" em 1917. O termo se refere ao fechamento violento de um jornal, quando sua redação é arrasada, com o apoio da polícia e do governo, pelas pessoas que se sentiram incomodadas com as sátiras.

Não é fácil manter um periódico funcionando nessa época; mas (diferentemente dos tempos atuais) os independentes têm prestígio e força na sociedade. Têm algo diferente a dizer; algo que aguça a curiosidade das pessoas. Esse tipo de fórmula ácida, sagaz e bem-humorada tem muita aceitação junto à população em geral, tanta que até mesmo Antonio Olivio vem a publicar um desses cronistas folhetinescos, chamado José da Costa Sampaio, que usa o pseudônimo de José Agudo.

Pouco citado na história da literatura, o "humorista" José Agudo — se é que podemos classificá-lo assim — escreve, entre 1912 e 1919, a maior série de romances que retratam a *belle époque* paulistana. Isso mostra como Antonio Olivio está atento aos acontecimentos culturais e sociais de sua época, não perdendo a oportunidade de levar ao leitor uma obra inteligente, crítica e de qualidade, como a de José Agudo.

Com o título geral de "Scenas da Vida Paulistana", os sete romances do autor fazem um grande sucesso na época: *Gente Rica* (1912), *Gente Audaz, O Doutor Paradol e seu Ajudante, Pobre Rico, Cartas d'Oeste* (1913), *O Amor Moderno, Scenas da Vida Paulistana* (1915) e *Gente Pobre* (1917).

"De maneira semelhante a muitos de seus confrades humoristas, não conseguia disciplinar-se em nenhum momento, nem procurando filtrar literariamente cenas e situações, ainda que cômicas, de evidente mau gosto, as quais, em última análise, espelhavam uma realidade cheia de ressentimentos e rebarbas sociais. Mais do que um cronista macarrônico da cidade, José Agudo foi, sobretudo, um observador autêntico e risonho da inusitada e peculiar sociedade que se formava na *belle époque* paulista" (Saliba, 2002, p. 170).

Impera um clima de *belle époque* — com as pessoas se cumprimentando na rua com a frase *Vive la France!*; com um culto ao *chic*, representado pelas finas confeitarias que surgem na cidade, como a Castellões, por exemplo; e outros francesismos —, aliado às reformas que o prefeito Antonio Prado realiza em seus quatro mandatos consecutivos (1899-1910).

Entre 1900 e 1910, inúmeras obras transformam completamente a paisagem urbana. O Plano Bouvard, de reestruturação do centro, talvez tenha sido a mais importante delas. Novas ruas e praças são abertas, tal como a Praça da República, em 1905, e alguns eixos principais são alargados. É criado o Parque do Anhangabaú, e a Praça da Sé passa por uma ampliação que dará impulso à construção da nova catedral, em 1913.

Outros marcos importantes desse período são a construção da primeira agência do Banco do Brasil; a criação do Instituto Butantã, por Emílio Ribas; a construção da Estação da Luz (1901); a inauguração do Parque Antártica (1902); o início da construção do primeiro edifício da Maternidade São Paulo (1904); e a inauguração da Pinacoteca do Estado, no bairro da Luz, entre outras mudanças.

Mas, para nosso trabalho, outro importante marco nesse período de tão grandes mudanças é a fundação, por Antonio Olivio Rodrigues, do Círculo Esotérico da Comunhão do Pensamento, que, ao contrário dos marcos anteriores, não muda a paisagem da cidade de São Paulo, no entanto mudaria, em muito, a forma de pensar a vida cotidiana, moral, mental e espiritual da São Paulo da *belle époque*.

***

F. Ch. Barlet, um dos maiores ocultistas do século XIX

Quando o livro *Magnetismo Pessoal ou Psychico*, de Durville, vai para as oficinas gráficas, Antonio Olivio está desempregado, mas, pondo em prática o que aprendeu em seus alfarrábios espiritualistas, não se deixa abater pelas dificuldades iniciais. Mesmo sem saber se a obra seria ou não aceita, ele não pensa duas vezes e empenha as poucas joias da família para conseguir os últimos mil réis que faltam para, finalmente, retirar o livro da gráfica.

Além disso, para ajudar no orçamento familiar, já que não dispõe de recursos salariais, AOR, com apoio de sua esposa, Aguida, que sempre acreditou nos empreendimentos, nos estudos e nas buscas do marido, abre o Bazar da Glória Boa Nova e Comp. É um pequeno estabelecimento de compra, venda, troca e aluguel de livros, mas que também comercializa material escolar, brinquedos, cordas de violino e violão, postais e novidades finas, por atacado e varejo, além de comprar e vender os famosos periódicos *O Malho* e *O Tico-Tico*.

Antonio Olivio, pioneiro como é, tem a ideia de comercializar horóscopos. Começa então a fazer esboços de cálculos astrológicos, baseados em seus estudos das obras de F. Ch. Barlet, um grande iniciado do século XIX. Mesmo assim, é algo bastante difícil para um rapaz que teve pouco contato com os bancos escolares.

Antonio Olivio deixa o bazar nas mãos de sua esposa e dedica-se arduamente aos seus estudos autodidatas de astrologia, debruçando-se sobre cálculos, revoluções, sinastrias e afins, por até 16 horas ao dia. Isso quando não sai à noite para percorrer de porta em porta os estabelecimentos comerciais, distribuindo panfletos do livro *Magnetismo Pessoal*. Mas, sobre isso, falaremos com muito mais detalhes a seguir, após a saga do jovem astrólogo autodidata.

Cabe aqui lembrar que antes de AOR iniciar esses estudos, "astrologia" era praticamente um palavrão no Brasil — algo misterioso, estudado por maçons ou pessoas excêntricas que encaravam essa ciência como mera curiosidade.

Antonio Olivio não tarda a perceber que as horas a fio que passa estudando não são inúteis. A exatidão de seus cálculos astrológicos, esboçados nos primeiros horóscopos que fez para uma série de pessoas que o visitaram no Consultório Brasil Psychico-Astrológico, confirma as previsões anunciadas. O rapaz deixa alguns de seus amigos pasmados com a sua estranha faculdade de, assombrosamente, conseguir adivinhar o passado e prever o futuro por meio dos mapas.

AOR passa então a ser procurado pelos tipos mais diversos: céticos, curiosos, desiludidos, sofredores, como também detratores, descrentes e maldizentes. Com tanta propaganda (boa ou ruim) gerada espontaneamente por quem o procurava, as encomendas de horóscopo começam a ficar cada vez maiores.

Pelo pouco que se sabe sobre a história da astrologia no Brasil, essa é a primeira vez que um consultório desse gênero entra em funcionamento, comercializando horóscopos e mapas astrais. Por isso, Antonio Olivio é saudado pelos astrólogos brasileiros como um desbravador nesse campo das ciências esotéricas.

Por esse feito, AOR é elevado por seus admiradores à categoria de astrólogo e também de magnetizador, pois seu escritório oferece também o serviço de cura magnética à distância.

Em contrapartida a todo esse sucesso, o primeiro livro de sua iniciante editora não vai nada bem. Como dissemos, Antonio Olivio percorre à noite os estabelecimentos chiques do centro de São Paulo — salões de chá, confeitarias e restaurantes — para distribuir panfletos de propaganda do livro de Durville.

A gélida reação da maioria, com exceção dos risos irônicos, não faz a vontade de AOR esmorecer. Em acréscimo à fria acolhida dos jornais, um público em geral desconfiado e à franca hostilidade de alguns kardecistas e teosofistas, há também muita gente que classifica o livro como uma apologia à magia negra e à bruxaria. Mas não faltam a Antonio Olivio ideias para recuperar o capital empatado.

Exemplar do jornal espiritualista *O Astro*, fundado por Antonio Olivio Rodrigues

Capa do primeiro número da revista *O Pensamento*, 1907

Em seus muitos esforços para divulgar a publicação, ele tem a ideia de publicar um diminuto jornal, ao qual dá o nome de *O Astro*. Além de fazer propaganda do primeiro livro da Empresa O Pensamento, o jovem editor também começa a divulgar a obra e as ideias de Prentice Mulford, que ele já havia estudado em espanhol.

Mas o periódico ainda não é o canal ideal de divulgação, por ser, na realidade, um panfleto expandido com textos de outros autores.

Com o surto de periódicos independentes que surgiam na virada do século XIX para o XX, Antonio Olivio tem a ideia de seguir o formato da mídia vigente e lançar uma revista.

Com a ajuda de intelectuais e de um empréstimo de cem mil réis, nasce, em 1º de dezembro de 1907, a revista *O Pensamento*, que nesse momento é (e foi por muito tempo) a única no gênero, por tratar exclusivamente de estudos ocultistas.

O artigo de apresentação da revista é simples e de poucas palavras (mas contém um programa que nem o próprio redator podia suspeitar que viesse a se tornar algo tão grandioso), lançando a proposta — logo em seu número inaugural! — de tratar de temas tais como o magnetismo, a clarividência, a psicometria, a terapêutica sugestiva, a astrologia e todas as questões relacionadas ao psiquismo.

Apesar dessa ousadia, Antonio Olivio consegue tanto sucesso nesse empreendimento que, já a partir do segundo número, tem de ampliar a revista, tamanha é a demanda de novas informações por parte do ávido público.

Já que em seu artigo de apresentação declarou "não se achar filiado a qualquer seita religiosa ou científica e que o único intuito que nos leva à publicidade é o de fornecer leitura útil e prática sobre tudo que se relacione com o magnetismo", ele consegue então abrir o leque e alcançar qualquer pessoa interessada nesses assuntos, sem distinção de classe ou credo.

E, para divulgá-la, Antonio Olivio pede a jornais que estampem, em suas edições diárias, a página 2 da revista *O Pensamento* — a página que traz as vantagens do plano de assinatura anual. Como brinde, ele oferece um exemplar de *Magnetismo Pessoal* assim que o anúncio do jornal chegasse a suas mãos. Além disso, há premiações para quem fizer a assinatura da revista, como mostra a propaganda da época.

A' IMPRENSA

Todo jornal que reprodusir o annuncio da 2 a pagina, terá direito a 1 exemplar do "Magnetismo Pessoal" de H Durville, que remetteremos pela volta do correio, franco de porte, logo que nos chegue ás mãos o exemplar do jornal em que fôr publicado aquelle annuncio.

Anúncio para a imprensa no nº 1 da revista
O Pensamento, em dezembro de 1907

Quanto ao jornalzinho *O Astro*, passa a ser um suplemento da revista. (Só até 1914, pois a partir de 1915 torna-se um órgão de combate independente, científico e noticioso de distribuição mensal e gratuita. Em data posterior, que não conseguimos precisar, ele perde seu nome. No entanto, volta a ser editado e existe até os dias atuais com seu nome original.)

No terceiro número da revista *O Pensamento*, de fevereiro de 1908, surge uma ideia que já calava fundo no coração de AOR há algum tempo — formar uma cadeia mental de foco irradiador de boas vibrações entre as pessoas, baseada na ciência do magnetismo.

Transcrevemos aqui o texto original:

Comunhão do Pensamento

Segundo os methodos adaptados pelos grandes centros magnéticos na Europa e nas duas Américas, dentro em breve, instituiremos uma ligação entre os diversos centros magnéticos do globo com aquellas pessoas que quizerem estar em comunhão de pensamento em determinadas horas de certos dias.

Nesse sentido, já nos dirigimos aos differentes centros, e aguardamos para breve A Palavra do mez de março, que comunicaremos aos que quizerem praticar essa communhão e ficar assim, magneticamente, em correspondência de pensamento com grande número de pessoas espalhadas por todo o orbe.

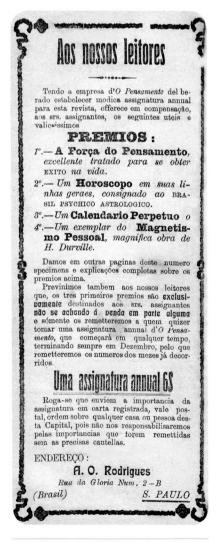

Antiga propaganda sobre assinaturas da revista
O Pensamento

> *Para isso, bastará apenas que no dia e hora determinados, concentrando-se o mais possível, encaminhe o pensamento ao serviço do Bem e do justo, pronunciando as palavras que forem publicadas mensalmente.*
>
> *Para essa communhão do pensamento, não é preciso despender cousa alguma, pois, para evitar mesmo a despeza de correspondência, daremos a palavra em todos os números d'O Pensamento.*
>
> *Nas dores moraes, nas enfermidades e nas suas difficuldades da vida, são de máxima importância os effeitos da communhão do pensamento.*
>
> *Experimentem e verão.*

Acumulando as funções de editor, redator, astrólogo, magnetizador, livreiro e comerciante, além do encargo de responder pessoalmente as cartas de leitores e jornalistas, Antonio Olivio muda-se de endereço e encerra as atividades do Bazar da Glória, voltando-se definitivamente para a atividade livreira.

Instala-se em um imóvel maior, à Rua Senador Feijó, nº A-1, ao lado da Igreja da Sé, no coração de São Paulo, que abriga a redação da revista, a livraria e o Consultório Brasil Psychico-Astrológico. Agora se lê o nome na fachada: "O Pensamento".

Nessa época, para desafogar AOR de suas várias tarefas, o escritor e maçom Raul Silva inicia suas funções de redator da revista e escritor da jovem editora; sua primeira obra publicada é *Deve-se Praticar o Espiritismo?*.

Enquanto isso, a ideia da cadeia mental e da comunhão do pensamento vai se concretizando rapidamente e, em apenas três meses, já somam mais de mil adesões. A obra de AOR começa a alcançar os mais distantes rincões do Brasil.

Para quem fizesse a assinatura anual da revista seria encaminhado um prêmio, à escolha do assinante. Dentre os prêmios estão: um calendário perpétuo; um horóscopo, em linhas gerais, ou seja, diferente do mapa astral; um exemplar do livro *A Força do Pensamento*, de autor anônimo, mas identificado por muitos como sendo um texto de AOR; ou o próprio livro *Magnetismo Pessoal*, de Durville.

O Consultório Brasil Psychico-Astrológico cresce rapidamente. Podemos acompanhar isso porque, mediante autorização do assinante premiado, Antonio Olivio publica na revista a quantidade mensal de horóscopos feitos por seu con-

Primeira Livraria d'O Pensamento, em 1909

sultório, para que outras pessoas se interessem em "tirar os seus horóscopos". Na revista *O Pensamento* de janeiro de 1908, o número de horóscopos está em 130, já na de agosto do mesmo ano, o número sobe para 1.076 — um fenômeno nessa época, em vista de ser um país cuja população é composta por mais de 80% de analfabetos e a maioria ligada à religião católica.

A revista *O Pensamento*, diferentemente de suas congêneres internacionais, possui um variado leque de assuntos, textos menos herméticos e, além de todo o material esotérico-espiritualista, publica conselhos às mães e avisos aos pais de família a respeito de seus filhos; fornece receitas de beleza e de saúde, através de remédios naturais; e divulga curiosidades científicas e cientificistas. Ou seja, dentro do que tinha sido publicado até então, é o periódico mais curioso e interessante por causa de suas matérias diversificadas.

Nesse seu início, a revista já tem uma tiragem alta para a época: de 8 a 12 mil exemplares, com circulação mensal.

O que se percebe aqui é o relacionamento em rede que Antonio Olivio faz. A revista é enviada a cada redação de jornal e a cada periódico espírita, esotérico e espiritualista, nacional e internacional, com os quais o jovem editor mantém relações e trocas culturais.

Os anúncios da revista conclamam muitas vezes uma resposta do assinante. O esoterismo, por meio da revista *O Pensamento*, começa então a se enraizar no cotidiano das pessoas devido aos conselhos práticos, às meditações e às afirmações que se encontram em seus artigos.

A facilidade de comunicação de Antonio Olivio, aliada ao seu tipo pioneiro de propaganda e ao tino comercial evidente no jovem ocultista, magnetizador e astrólogo português não deixam nada a dever aos grandes comunicadores da época, citados no início deste capítulo.

Com a sua maneira moderna de se comunicar, AOR prova que não é o assunto que é de difícil abordagem e causa o seu insucesso, mas a forma como ele é abordado; daí, a longa duração do seu projeto.

(Se naquela época as revistas e jornais cumpriam o papel que a televisão cumpre hoje, então Antonio Olivio Rodrigues — com uma ideia tão "delirante", como a de uma revista de estudos esotéricos, e em razão dos números que mostramos aqui — pode ser considerado a "Rede Globo" do final da primeira década do século XX.)

Em virtude da abrangência dos trabalhos realizados por AOR, aquela ideia de fundar uma sociedade de estudos esotéricos parece não ser mais apenas um sonho. O número de assinantes da revista ultrapassa os 5 mil leitores por mês, bem como a tiragem total, que já conta com 15 mil exemplares para suprir o público leitor.

Entre os meses de maio e julho, a redação muda duas vezes de endereço para poder atender a demanda de correspondências e por necessidade de espaço físico.

Vai primeiramente para a Rua do Carmo, n⁰ 37, e logo depois para a Rua Marechal Deodoro, n⁰ 31; ambas na cidade de São Paulo.

Contando também com um número cada vez maior de colaboradores — alguns deles correspondentes internacionais — e um grande número de adesões à Comunhão do Pensamento, AOR finalmente funda, em 27 de junho de 1909, o Círculo Esotérico da Comunhão do Pensamento, o qual propaga, junto ao nome da Ordem, o TETRAGRAMATON, o nome hebraico de Deus: *yod he vau he* (*YHWH*) ou "Eu Sou Aquele Que Sou".

Na revista de agosto sai o primeiro estatuto da Ordem, que, no Artigo I, traz sua proposta de trabalho:

a) *Promover o estudo das forças occultas da natureza e do homem;*

b) *Promover o despertar das energias creativas latentes no pensamento de cada associado, de acordo com as leis das vibrações invisíveis;*

c) *Fazer com que essas energias convirjam no sentido de assegurar o bem estar physico, moral e social dos seus membros, mantendo-lhes a saúde do corpo e do espírito;*

d) *Concorrer na medida de suas forças para que a harmonia, o amor, a verdade e a justiça se effectivem cada vez mais entre os homens.*

O Círculo Esotérico não faz qualquer tipo de distinção de religião, raça, classe social, posição política e filosófica, e aceita pessoas de qualquer nacionalidade, mas também acolhe pessoas de ambos os sexos, o que é raro nesse tempo.

Diferente de tudo o que havia sido instituído no Brasil até então, o CECP passa a ser a primeira ordem esotérica fundada no país, pois, como vimos anteriormente, o que existe nesse sentido são apenas pequenos grupos de estudo que funcionam nos mais variados tipos de lugar, desde residências até salões emprestados por clubes locais e afins.

Com grande número de filiados, pagamentos de anuidades, órgão próprio de divulgação — a revista *O Pensamento* — e um estatuto a ser seguido, a obra pioneira de AOR dava mais um passo para se tornar (durante muito tempo) a precursora e a principal das várias ordens desse tipo que surgiam em vários pontos do globo e no Brasil (e que surgiriam nas próximas décadas).

Uma nova forma de estudar as leis espirituais está então disponível para o país do futuro e, em pouco tempo, torna-se, por meio de seus centros de irradiação mental, uma presença viva no Brasil e no resto do mundo. Com a fundação da primeira ordem esotérica do Brasil, AOR consegue finalmente realizar sua visão de um mundo melhor, com ideais mais justos.

Uma nova missão — mais uma etapa de uma Missão Maior — aguarda Antonio Olivio Rodrigues e seus colaboradores.

CAPÍTULO

V

O Pioneirismo de Antonio Olivio Rodrigues e a
Difusão de Livros Esotéricos e Espiritualistas no Brasil:
a Emp. Typ. Ed. O Pensamento, o *Almanaque do
Pensamento* e o Instituto de Sciencias Herméticas

O indivíduo que descuida da sua primeira ocupação, será desmazelado na
segunda e relaxado na terceira; e assim sucessivamente, até a sua completa ruína.
— AOR

Como dissemos no capítulo anterior, o Círculo Esotérico da Comunhão do Pensamento é o precursor de todas as outras instituições desse tipo em nosso país. Não apenas por ter filiações pagas e estatutos a serem seguidos. Seu sucesso rápido tem, como principais causas: aceitar, sem qualquer tipo de distinção, todas as pessoas que estejam dispostas a seguir os ideais da Ordem; e dar-lhes condições de formar, elas mesmas, "células" do CECP se assim desejarem, independentemente do fato de estarem próximas ou não da sede central da sociedade mentalista paulistana.

Também se torna de profunda importância o fato de o filiado receber instruções que pode praticar em qualquer localidade do globo, nas horas indicadas pela sede central; isso faz com que ele se sinta coligado com todos os outros membros. Seguir as várias séries do livrinho de instruções à distância e acompanhar, por meio da revista *O Pensamento,* as meditações mensais e os artigos de estudos esotéricos e espiritualistas, aliados às ideias cientificistas da época, fazem o filiado se sentir, ao mesmo tempo, "parte e todo", pois, sem suas meditações, o Círculo não teria a mesma força.

Todos são importantes e fazem diferença porque não existem graus iniciáticos, como em outras ordens esotéricas.

Mas há uma estrutura hierárquica e regras a serem seguidas, que impulsionam o filiado a se tornar mais justo e perfeito em seu caminho espiritual, social e moral.

Como patronos dos ideais inspiradores da Ordem, Antonio Olivio escolhe três pensadores: Swami Vivekananda, como representante do pensamento oriental; Éliphas

Prentice Mulford

Éliphas Lévi

Lévi, como representante do pensamento ocidental esotérico, cabalista e judaico-cristão; e, representando o pensamento esotérico e mentalista moderno, Prentice Mulford, considerado o maior pensador da filosofia esotérica da América do Norte.

> Éliphas Lévi Zahed, este era o nome cabalístico de Aphonse Louis Constant, que foi um importante abade e cabalista francês, nascido em fevereiro de 1810, em Paris. Autor de uma das mais importantes obras do ocultismo ocidental, *Dogma e Ritual de Alta Magia*, é considerado um dos maiores ocultistas do século XIX. Faleceu em 1875, em Paris.
>
> Prentice Mulford nasceu em Sag Harbor, Long Island, distrito de Nova York, em 1834. Depois de trabalhar durante anos em minas de carvão, entrou para a carreira jornalística em 1866, época em que escrevia para o jornal *The Golden Era*. Nesse momento também começou a escrever sua monumental obra *Your Forces And How To Use Them*, lançada em Boston, em 1884, que influenciou grandemente a ciência cristã do novo pensamento, o cristianismo esotérico e a nova psicologia, entre outros ramos do mentalismo.

Para que os ideais dos patronos inspiradores fossem seguidos, o Círculo conta com um número fixo de pessoas que ocupam certos cargos e se encarregam de determinadas tarefas. Segundo o estatuto, estes são os cargos:

Presidente Delegado Geral (é o diretor administrativo e responsável pelos centros de irradiação mental em outras localidades chamados *tattwas;* sempre que alguém quiser ter um *tattwa,* em sua cidade, ligado ao Círculo, apenas o delegado geral pode autorizar); Presidente e Vice-Presidente do Supremo Conselho (são os responsáveis pelo conhecimento espiritual e cultural da Ordem, e por tudo que se relaciona com a filosofia esotérica e espiritualista, os textos a serem estudados e as reuniões de estudos metafísicos); Secretário-Geral (é o responsável pelo desenvolvimento e funcionamento dos *tattwas* e também por tudo que se relaciona com filiações, anuidades, prêmios e contatos sociais); e Cinco Vogais (responsáveis por auxiliar os titulares dos demais cargos e também servir como substitutos em viagens de representação do Círculo).

Quando se filia ao Círculo, a pessoa recebe uma série de instruções que devem ser seguidas. Além dos estudos e meditações individuais, há também as sintonizações coletivas — que geram a comunhão do pensamento no plano mental — em determinadas horas do dia. A mais importante delas é a Chave da Harmonia, executada todos os dias às 18 horas, a hora esotérica. Nesse momento, os quatro pilares de sustentação do Círculo Esotérico — Harmonia, Amor, Verdade e Justiça — são recitados em meio a uma série de outras afirmações e preceitos.

As divisas do Círculo não são apenas palavras; mais do que isso, valem por todo um conjunto de ensinamentos esotéricos.

Juntamente com a Chave de Harmonia, o filiado recebe o *Livro de Instruções,* os opúsculos *Chave da Felicidade,* o estatuto da Ordem e também recebe um folheto contendo o ritual de Consagração do Aposento, que é uma oração esotérica na qual os preceitos do Círculo são afirmados numa grande récita.

Esse material, em conjunto com a revista e os livros-prêmio, diferentes a cada ano, e aliados à filosofia espiritualista dos diferentes patronos, abrem ao filiado um grande leque de possibilidades de absorção da principal mensagem do Círculo Esotérico — Harmonia, Amor, Verdade e Justiça.

Para cada tipo de indivíduo há um tipo de escrito que pode ser entendido e praticado conforme o seu nível de consciência; ou então estar direcionado a um problema que o filiado está enfrentando em determinado momento da sua vida.

* * *

No mês de fevereiro de 1910, a redação da revista muda novamente de endereço e passa para a Rua Senador Feijó, nº 19, no centro de São Paulo.

O crescimento e a consolidação da revista se dão principalmente por causa da enorme quantidade de pessoas que se filiam ao Círculo ou das que, além de se filiarem, pedem para ser representantes do Círculo Esotérico em sua cidade, pois cada novo filiado recebe automaticamente uma assinatura do periódico.

Quando o CECP completa o seu primeiro ano de existência, os pedidos de filiação são tantos que surgem os *tattwas* — centros de irradiação mental, que, na realidade, são células do Círculo — em diferentes localidades.

Numa edição da revista *O Pensamento* de 1910, aparecem os primeiros *tattwas* registrados como irradiadores dos ideais do Círculo em localidades como o Rio de Janeiro, Jaboticabal e São Paulo, entre outras. São estampadas as fotos dos delegados de cada *tattwa*, nessa e nas edições posteriores.

Mesmo à distância, quem não pertence a nenhum *tattwa*, mas se filiou até 30 de junho de 1910, é considerado sócio fundador da Ordem. E muitos desses sócios fundadores têm amigos e familiares que residem em outros países, portanto Antonio Olivio, após tantos anos de estudo por correspondência com outras ordens esotéricas, passa a ter uma rede de contatos, para a qual envia periodicamente a revista.

Por meio dessa rede interna do Círculo, não tardam a aparecer os primeiros *tattwas* internacionais. O primeiro surge em Bari, na Itália, cujo delegado é o Dr. Michele de Vicenzo Majulli, que representa o CECP no Congresso Internacional de Psicologia Experimental da França, em 1911.

Outros *tattwas* internacionais surgem na Argentina, Chile, Espanha e México.

Cabe aqui citar que, nessa época, Antonio Olivio, além dos contatos que mantém com outras sociedades esotéricas, também é muito conhecido como um dos únicos magnetizadores do mundo a residir na América do Sul. Obteve, em 1908, o diploma de magnetizador por correspondência; seu segundo diploma naquele ano, pois já conseguira um do Institute of Science, de Rochester, no estado de Nova York. Por ser a primeira pessoa a obter tais títulos no Brasil, virou notícia e recebeu os parabéns dos jornais.

Diploma de magnetizador concedido a AOR pela Società Magnetica d'Italia

* * *

Com tamanho sucesso, mas sem a visibilidade que obteria na capital federal, Antonio Olivio é convencido por seus amigos e colaboradores a se transferir para o Rio de Janeiro em maio de 1911, para lá fundar um orfanato e ter acesso mais fácil a outros meios de comunicação, mas também por ser a cidade mais populosa.

O novo endereço da revista *O Pensamento*, do periódico *O Astro* e do Consultório Brasil Psychico-Astrológico passa a ser a Rua da Alfândega, nº 192; mas ficam nele por um curtíssimo período, logo passando para a Praça Tiradentes, nº 48.

Mesmo estando agora na capital federal, a rede de relacionamentos de AOR não responde de modo satisfatório, e seus novos contatos no Rio de Janeiro não trazem ao delegado geral da Ordem o retorno desejado.

Sala de Leitura, na primeira sede do Círculo

Fica claro que o acelerado cosmopolitismo de São Paulo, com uma diversidade maior de migrantes e imigrantes — um enorme contingente de judeus, italianos, espanhóis e outros —, traz ao Círculo algo que a capital federal não consegue oferecer tão bem quanto a "capital do café": uma ampla liberdade de pensamento para o crescimento de novas ideias.

Em outubro do mesmo ano, AOR está de volta a São Paulo e ao seu antigo endereço, à Rua Senador Feijó, nº 19. (Só sairia daí em 1915, para se instalar num edifício próprio, à Rua Rodrigo Silva, no bairro da Liberdade.)

Nesse momento a demanda por mais horóscopos, mais livros e mais instruções do Círculo não para de crescer.

Também a Livraria O Pensamento está começando a ficar famosa por causa das propagandas na revista e no jornalzinho *O Astro*, que era distribuído em estações de trem, agências dos correios e farmácias em todo o Brasil, tornado-se referência no assunto, até porque era a única que comercializava apenas livros de conteúdo espiritualista.

As pessoas que chegam à livraria encaram-na quase como um consultório, procurando fórmulas e conselhos para resolver os seus problemas. Muitas acabam por se filiar ao Círculo.

Nessa mesma época, Antonio Olivio abre as portas de sua casa e funda uma biblioteca pública que abarca todos os assuntos tratados na revista e está aberta para consulta das 12 às 16h, de segunda a sexta-feira.

Quanto aos livros, com mais de uma dúzia de títulos lançados, a editora começa a deixar uma marca importantíssima no mercado editorial brasileiro, pois uma editora especializada em esoterismo e espiritualismo é puro delírio nessa época (no entanto, como seu bisneto Ricardo Ferraz Riedel diria cem anos depois: "Mas AOR sabia o que estava fazendo"). Em vez de simplesmente publicar um livro sobre magia, o jovem editor lança livros de filosofia vedanta, para tratar da saúde; livros espiritualistas, que ensinam como organizar corretamente uma sessão espírita; e livros sobre mentalismo e psiquismo, para que o leitor obtenha sucesso, saúde e fortuna duradouros. (Antonio Olivio, sem saber, criou o gênero de autoajuda, tão popular nos dias de hoje.)

Mesmo que muitos desses livros tragam conselhos práticos, ainda pertencem a outras áreas, principalmente o esoterismo. Mas logo os livros autenticamente de autoajuda (como conhecemos hoje) começam a fazer parte de seu catálogo, como o pequeno opúsculo *Como Deixar de Fumar*, publicado em 1915.

Os grandes *best-sellers* dessa época são: *O Adepto* e *Como se Organizam e se Dirigem uma Sessão Espírita*, ambos de Hans Arnold; *Deve-se Praticar o Espiritismo?*, de Raul Silva; *Nos Templos do Himalaya*, de A. Van der Naillen; *O Poder da Vontade*, de Atkinson e Beals; *Magnetismo Pessoal*, de H. Durville; e *Curso de Magnetismo Pessoal*, de V. Turnbull. Além desses títulos, os livros do Yogue Ramacharaca fazem muito sucesso, como *Hatha Yoga* e *Sciencia Hindu Yogue da Respiração*.

E Antonio Olivio não para de criar. Cada vez mais!

Em 1912, a Emp. Ed. "O Pensamento" lançou a tradução do livro de Mulford com o estratégico e arrojado título de *Nossas Forças Mentais: Modos de Empregá-las com Proveito no Comércio, na Indústria, nas Artes, nos Ofícios e, em geral, em Todos os Atos e Situações da Vida*. Assim, uma obra de vanguarda, mas com esse subtítulo que abria um leque bastante amplo, acaba caindo no gosto dos mais variados leitores, pois era fácil se identificar com ela. Daí o subtítulo tão longo e popular que seria marca registrada da editora por um longo tempo, principalmente em suas propagandas e catálogos. Sua estratégia é conseguir que obras com certo nível de erudição — ou

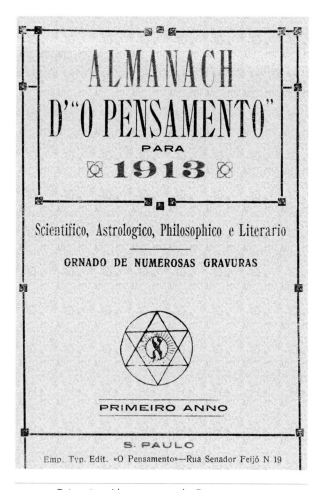

Primeiro *Almanaque do Pensamento*

mesmo obras "estranhas" ao mercado editorial brasileiro — tornem-se absolutamente populares, quer pelo título, quer pela forma de propaganda.

* * *

Nesse mesmo ano, praticamente atendendo uma demanda de mercado por astrologia, já que se tornava quase impossível atender aos pedidos por horóscopos do Brasil Psychico-Astrológico, AOR lança o que parecia ser mais um delírio, um almanaque de astrologia. A procura por seus horóscopos era grande, mas não haviam ainda ultrapassado a casa dos 2.500 pedidos em pouco mais de cinco anos, portanto, mesmo para o pioneirismo do jovem editor, a empreitada mostrava-se muito arriscada, já que astrologia não era um assunto fácil de ser entendido por qualquer pessoa em um país católico como o nosso.

Mesmo assim, em setembro desse ano sai a edição para 1913 do *Almanach d'O Pensamento Scientífico, Astrológico, Philosófico e Literário, ornado com numerosas gravuras*. E, por incrível que possa parecer, torna-se um sucesso instantâneo; a tiragem inicial é de vinte mil exemplares, enorme para a época.

O Brasil dos Almanaques e a Permanência do *Almanaque do Pensamento*

O almanaque, como forma de veículo cultural, apareceu no Brasil em 1829, com o lançamento do *Almanaque Imperial*, editado pelo francês Pierre Plancher. Mas esse formato só foi ganhar fama com o *Almanaque Laemmert*, que começou em 1839 como uma despretensiosa folhinha literária para chegar a 1,7 mil páginas (!) em 1875. Era extremamente popular, assim como os almanaques *Biotônico, Sadol* e *Capivarol* nos anos 1950/60, época da "febre" dos almanaques de farmácia. Contudo, esse veículo de cultura impressa chegou quase ao esquecimento nos anos 1990 e início do século XXI.

Dentre os poucos remanescentes desse tipo de publicação está o *Almanaque do Pensamento*, hoje em sua 98ª edição e sem falhar um só ano; já chegou a mais de 22 milhões de exemplares vendidos. Ele é talvez o único a ter a astrologia como tema principal desde que foi lançado. O que é um verdadeiro feito heroico se considerarmos que o Brasil é o maior país católico do mundo — assim afirmou o papa Bento XVI quando de sua visita a São Paulo em maio de 2007. Hoje o almanaque está com uma tiragem de 160 mil exemplares.

Francisco Valdomiro Lorenz

A redação do novo periódico fica a cargo de colaboradores da editora e do Círculo, como o ilustre poliglota, cabalista, astrólogo e profundo conhecedor da filosofia esotérica, Francisco Valdomiro Lorenz.

Toda a parte astrológica e astronômica do almanaque fica sob a responsabilidade de Lorenz, bem como os ensaios esotéricos que eram publicados nele.

Com tão ilustres e dedicados colaboradores, verdadeiros Trabalhadores da Luz, e com tantos projetos sendo empreendidos por Antonio Olivio e suas empresas, parece que essa seria a hora certa de expandir horizontes e ampliar as instalações.

Francisco Valdomiro Lorenz é um capítulo à parte. Para contarmos a sua história em detalhes precisaríamos dedicar-lhe um grosso volume, mas não é esse o nosso caso.

Além de escritor, autor da casa e membro do Círculo Esotérico, Lorenz era professor em Dom Feliciano, no Rio Grande do Sul. Tradutor e poliglota, dominava 104 idiomas, desde línguas mortas — como latim, maia, egípcio antigo, grego dórico e rético (língua original da antiga Récia, hoje Suíça) — até idiomas modernos tradicionais e idiomas criados, como o volapük e o esperanto (era um dos maiores eruditos nessa língua criada por Luíz Lázaro Zamenhof e deixou vários trabalhos sobre o tema). Fez também traduções do Pai-Nosso em cem idiomas, além de traduzir a palavra "Deus" para 365 línguas diferentes a fim de pronunciar uma a cada dia do ano.

Nascido Frantisek Vladimir Lorec na Boêmia, em 1872, publicou seu primeiro livro em esperanto em 1890, ainda na sua pátria.

Foi delegado do Círculo Esotérico no Rio Grande do Sul, redator do livro de instruções da Ordem (juntamente com Antonio Olivio), e exímio conhecedor da cabala e do aspecto oculto dos evangelhos. O CECP não seria o mesmo sem a presença desse grande iniciado.

Com a implantação da tipografia em 1912, para imprimir o *Almanaque do Pensamento*, o endereço de tantos anos, na Rua Senador Feijó, parece ter encolhido.

Em 1914, AOR compra o terreno da Rua Rodrigo Silva, nº 40, onde constrói o prédio que servirá como nova sede do Círculo Esotérico e novo endereço da livraria, além de abrigar os espaçosos escritórios da editora.

* * *

Depois de apenas dois anos dessa fabulosa empreitada, AOR dá início a mais um ambicioso e delirante projeto para a época: criar um curso de ciências herméticas por correspondência. Outra obra pioneira! (Algo parecido só seria feito 45 anos depois, pela Antiga e Mística Ordem Rosa-Cruz — AMORC.)

Em março de 1917 é fundado o Instituto de Sciencias Herméticas, que passa a ministrar um curso de psicologia experimental. Do prelo das oficinas tipográficas da editora saem os volumes que vão compor a coleção do instituto: *Educação Pessoal, Hipnotismo, Magnetismo, Medicina Oculta, Radiopatia, Magia Teúrgica, Grafologia, Fisiognomonia & Frenologia, Quiromancia* e *Astrologia*.

Em pouco tempo o instituto passa a contar com um grande número de participantes. Com esse feito, causa uma nova revolução no pensamento, na Editora "O Pensamento" e no Círculo Esotérico. Dentre esses participantes estão figuras de grande destaque nas letras, nas artes, na magistratura, na medicina e até na política. As inscrições de médicos nesse curso acontecem em maior número do que as de profissionais de outras áreas, pois há muitos tópicos — tais como os dos volumes da coleção, citados acima — que também fazem

Revista *O Pensamento*, de 1914

Segunda sede do Círculo Esotérico e Livraria O Pensamento, em 1915

Antonio Olivio Rodrigues e família, por volta de 1915

Antonio Olivio Rodrigues e família, c. 1920

parte dos cursos de psicologia experimental ministrados no exterior, como em Paris, por exemplo.

Nessa época, as obras sobre radiopatia, hipnotismo, magnetismo e fisiognomonia e frenologia são raríssimas de se encontrar em língua portuguesa.

A literatura sobre medicina homeopática e naturalista também está presente entre os autores da casa, representada principalmente pelo famoso Dr. Alberto Seabra, que lançou em 1916 o livro *Phenomenos Psychicos*. Mas, sem dúvida, o grande *best-seller* nessa área é a obra *Receituário dos Melhores Remédios Caseiros*, de Francisco Valdomiro Lorenz.

* * *

Contando agora com mais de vinte títulos no catálogo da editora, uma tipografia própria, um disputadíssimo almanaque de astrologia, um curso de ciências herméticas por correspondência, uma bem-sucedida revista e um procurado consultório de astrologia e cura magnética, Antonio Olivio sente que seu atual endereço está novamente se encolhendo. A situação fica muito difícil, com o pequeno salão completamente lotado nas reuniões do Círculo Esotérico às segundas-feiras, quando qualquer pessoa pode participar, e em todo dia 27 do mês, nos encontros voltados somente para os filiados.

Sem um espaço adequado para também acomodar a Livraria O Pensamento e a biblioteca do Círculo, AOR se apronta para acompanhar o surto de crescimento meteórico, no qual entra a cidade de São Paulo nos loucos e frementes anos 1920.

Coleção do Instituto de Sciencias Herméticas

CAPÍTULO

VI

Novos Rumos para a Espiritualidade Brasileira: a Expansão dos *Tattwas* e dos "Colégios Iniciáticos" — O CECP se Consolida na Sociedade Nacional e Internacional — A Fundação da Biblioteca do Círculo, a História do Prédio da Torre e a Criação da Policlínica O Pensamento

O pensamento produz todas as coisas do universo.
— Paramhansa Yogananda

*São Paulo! És a Cidade Esperança, a convergência da audácia, a vitória milagrosa
das improvisações, onde as pelejas furiosas dos interesses, na volúpia
dos esforços, vão edificando, numa luta sólida e indivisa, a civilização última hora!
Em ti, caldeiam-se, nesse momento de trabalhos alucinantes, todas as
poderosas cobiças bastardas, atraídas pela miragem interrogativa da fortuna.
Em ti, a energia eficiente e avassalante canta, multíssona e contínua,
o poema das ambições americanas, por entre o conflito
democrático do ambiente vasto, sulcado de aspirações indefinidas.
O progresso transfigurador, como que apeado do Expresso das necessidades
absorventes, com a intuição tácita de lucrar os favores dos triunfos,
alarga-se confiante, na ânsia dominadora das afirmações decisivas.*
— Sylvio Floreal, Ronda da Meia Noite

Sylvio Floreal (autor hoje esquecido) dá o testemunho de uma São Paulo em cresci- mento acelerado. Após o final da Primeira Guerra e da pandemia da gripe espa- nhola, que tirou a vida de cinco mil paulistanos, o "cosmopolitismo de última hora" avança na capital do café. Entre os anos 1920 e início dos anos 1930, a cidade de São Paulo torna-se cada vez mais populosa, movimentada e culturalmente agitada.

Em 1920 entra em funcionamento o "aeroporto" do Campo de Marte e é inau- gurado o Instituto de Regeneração (nome, naquela época, da hoje extinta Casa de

Detenção do Carandiru); em 1921 tem início a circulação do jornal *Folha da Noite* (que daria origem à *Folha de São Paulo*); em 1922 ocorre a famosa Semana de Arte Moderna e é iniciada a construção do Edifício Martinelli, entre as ruas São Bento e Líbero Badaró, sob o comando dos arquitetos franceses Vérit e Marmonat, os mesmos que projetaram o Copacabana Palace, no Rio de Janeiro, em 1917; em 1924 ocorre a Primeira Corrida de São Silvestre; em 1925, a General Motors do Brazil instala-se no bairro do Ipiranga e surge a primeira estação de rádio da cidade, a Educadora Paulista.

Mesmo depois de sofrer com os bombardeios da Revolução Tenentista, de 1924 — quando, em apenas 23 dias, perde 1.800 prédios e 503 de seus habitantes, ficando outros 4.846 feridos —, São Paulo continua com o seu movimento de expansão, sempre lutando para se tornar uma grande cidade.

Tal como a cidade de São Paulo, que está em meio à turbulência de tantos acontecimentos, o Círculo Esotérico entra numa primeira grande expansão. Novos *tattwas* surgem praticamente a cada mês. As reuniões semanais na Rua Rodrigo Silva, nº 40, começam a ficar superlotadas e, como já dissemos, o Círculo vai acompanhar o crescimento de sua cidade natal na nova década que se inicia.

Nessa época, antigos grupos de estudos ligados ao movimento teosófico já começam a se organizar e a se relacionar entre si. O major Raimundo Pinto Seidl tinha fundado, no Rio de Janeiro de 1919, a Sociedade Teosófica do Brasil, ligada à International Theosophical Society (que conta hoje com mais de 30 lojas em todo o território nacional, tendo sua sede central em Brasília). Seguindo o famoso lema da abertura do primeiro capítulo deste livro — "Não há religião superior à Verdade" —, a sociedade de estudos esotéricos fundada por Blavatsky e pelo coronel Olcott tinha como principais objetivos: formar um núcleo da Fraternidade Universal da Humanidade, sem distinção de raça, credo, sexo, casta ou cor; encorajar o estudo de religião comparada, filosofia e ciência; e investigar as leis não explicadas da natureza e os poderes latentes no homem.

Como podemos notar, há muita semelhança com alguns tópicos do estatuto do Círculo Esotérico. Antonio Olivio conhecia o trabalho da Sociedade Teosófica e de Helena Blavatsky, o que o influenciou quando conseguiu "materializar" a ordem esotérica que mudaria a "cara" do Brasil. Assim, por meio de sua própria ordem, surgiu a seção nacional da ordem teosófica que o influenciou no princípio de sua busca espiritual.

(Sem o CECP, que sempre propagou muitos dos ideais da Sociedade Teosófica, talvez apenas na década de 1950, com a chegada de outras sociedades esotéricas ao nosso país, é que realmente uma ordem, como a Sociedade Teosófica, fosse conseguir finalmente criar um real interesse por esse tipo de estudo e pesquisa no Brasil.)

O pioneirismo de AOR desperta muitas mentes que procuram a Verdade de forma não sectária e absolutamente livre de quaisquer dogmas. E como o dito popular "Deus é brasileiro" não pode ser ignorado, uma sociedade teosófica brasileira também pode perfeitamente existir, cruzando as informações da teosofia clássica moderna com o misticismo brasileiro do "mito fundador" e o tão anunciado país do futuro: tal ordem esotérica é fundada em 1921 por Henrique José de Souza, apoiado por sua esposa Helena Jefferson de Souza, em São Lourenço, Minas Gerais.(Esse seria o embrião de um dos maiores colégios iniciáticos em nosso país: a Sociedade Brasileira de Eubiose.)

Mas os estatutos sociais dessa Ordem, no entanto, surgem apenas em 1924, em Niterói, quando ela recebe o nome de Dhâranâ Sociedade Mental Espiritualista. Cabe ressaltar aqui, mais uma vez, que nessa época o CECP já está tão entranhado no movimento espiritualista brasileiro de forma geral que, mesmo voltada mais tradicionalmente à teosofia, a "escola" espiritualista de J.H.S. (como ficaria mais tarde conhecido Henrique José de Souza) traz em seu próprio nome a influência mentalista do Círculo Esotérico.

O nome Sociedade Teosófica Brasileira, que ao mesmo tempo homenageia o movimento teosófico moderno e busca desenvolver uma doutrina espiritualista na América do Sul, só é assumido pela Ordem em 1928.

A Sociedade Brasileira de Eubiose

Dando continuidade ao trabalho espiritual de Blavatsky, J.H.S., que mantém estreitos diálogos com o teósofo espanhol Mario Roso de Luna, abre as portas do conhecimento iniciático nacional e influencia uma série de outros grupos e colegiados esotéricos que partilham desse conhecimento trazido por ele ao Brasil. Grupos e colegiados que, num mesmo local, aliam a "sabedoria iniciática das idades" a estudos espíritas ou mesmo a lojas maçônicas.

Com a morte de seu idealizador, em 1963, esse colégio iniciático passou a se chamar Sociedade Brasileira de Eubiose.

"Eubiose", do grego, em seu significado mais restrito quer dizer: *Eú* (bem, bom, belo) + *bios* + *osis* (modo de vida, ou de viver). Em seu significado Superior, relaciona-se com o processo da evolução humana, entendido como a transformação da energia em Consciência. Esse processo, longe de se identificar com as religiões dogmáticas, leva a um caminho de construção crítica do conhecimento.

Voltada para uma necessidade e uma especificidade cultural brasileira, a Sociedade Brasileira de Eubiose sempre trouxe em suas fileiras livres-pensadores que atuam na construção de uma grande fraternidade, preocupada antes de tudo com a elevação da consciência humana, mas sem escapar à nossa realidade diária social e, principalmente, cultural.

Sua filosofia completamente original surge de conhecimentos oriundos da teosofia, do esoterismo e dos estudos sobre os "lugares sagrados do Brasil" — como

> o Planalto Central e a Serra do Roncador, por exemplo —, criando dessa forma uma validação mística do mito fundador brasileiro — um "país tropical, abençoado por Deus e bonito por natureza".
>
> Para a Eubiose, o Brasil e a língua portuguesa serão mais que o futuro do povo brasileiro: serão o futuro do planeta Terra, como um todo. Seu legado é seguido por diversas instituições, tais como a Sociedade de Estudos Teosóficos, a Confraria Mística Maçônica e várias lojas maçônicas, e também outros grupos não formalizados que seguem muitos de seus preceitos.
>
> Tem atualmente três templos: em São Lourenço, Minas Gerais; em Itaparica, Bahia; e em Nova Xavantina, Mato Grosso. A Sociedade Brasileira de Eubiose conta ainda com departamentos em diversas cidades do Brasil e em países como Portugal, Venezuela, Japão, Dinamarca, Chile, Inglaterra e Itália.

* * *

Diferentemente da Sociedade Teosófica Brasileira (hoje Sociedade Brasileira de Eubiose), o CECP inaugurou sua seção internacional, como citamos no capítulo anterior, logo nos seus primeiros anos, pois Antonio Olivio tinha muitos contatos no estrangeiro.

Em 1917, a New Thought Alliance, uma entidade mentalista norte-americana, uniu-se ao Círculo Esotérico para promover o intercâmbio de ideias e a troca de conhecimentos. O presidente da instituição, James A. Edgerton, foi então nomeado membro honorário da Ordem.

Nos anos 1920 e início dos anos 1930, o CECP entra numa rápida expansão nacional e internacional. Há *tattwas* e membros espalhados por vários lugares do mundo, como Portugal, Itália, Espanha, Chile, Uruguai, Colômbia, Venezuela e França, entre outros. No Brasil, além de *tattwas* em grandes capitais, surgem outros em lugares distantes do eixo Rio-São Paulo, como nos estados de Mato Grosso, Santa Catarina, Pará e Acre, e no interior de Minas Gerais e Paraná.

> ### O CECP e o Santo Daime
>
> Sobre o Círculo Esotérico no Acre, há uma história muito interessante: o hoje famoso mestre Irineu Serra, fundador do Santo Daime, criou uma associação chamada Círculo da Regeneração da Fé, no final da década de 1910, na vila de Brazylia; atualmente a área pertence aos municípios de Brasileia e Assis Brasil.

> Após a extinção do CRF, em 1921, o vínculo com o CECP se tornou mais forte por alguns anos. Assim surgia mais um *tattwa*, com o nome de Centro de Irradiação Mental Luz Divina.
>
> Com o falecimento de AOR em 1943, Dona Matilde Cândido — que era responsável pelo contato com os *tattwas* — disse ao mestre Irineu que o uso do Santo Daime não podia continuar dentro do *tattwa* porque caracterizava o fomento de uma religião principal, o que não era permitido pelo Círculo. A resposta de mestre Irineu foi: "Onde o Daime não for aceito, eu não poderei estar presente", e se desligou em definitivo da Ordem mentalista/esotérica paulistana. Entretanto, manteve-se fiel às divisas do CECP — Harmonia, Amor, Verdade e Justiça — e manteve os rituais da Chave de Harmonia e da Consagração do Aposento como alguns dos muitos princípios espirituais da nova religião.
>
> Com milhares de seguidores nos dias de hoje, o Santo Daime representa uma grande parcela da população brasileira que busca uma alternativa em termos religiosos e práticas espirituais — como aconteceu também com os filiados do Círculo Esotérico. O mestre Irineu Serra foi apenas um deles. Com o tempo, outros também passariam por fortes transformações espirituais e em suas vidas cotidianas.

Antonio Olivio continua expandindo as suas atividades como editor, astrólogo e delegado geral do Círculo. Assim, no ano de 1923, adquire dois terrenos na Rua Rodrigo Silva, n°s 167 e 171, e inicia as obras do prédio que seria a nova sede da Ordem.

Projetado pelo arquiteto Gilberto Gullo — em um estilo eclético indefinido, pois atende a uma programação em que predomina a simbologia esotérica da Ordem, e com esculturas de Ruffo Fanucchi, decoração de Leôncio Neri e talhas de Arthur Grandi —, o novo prédio do Círculo passa a exibir, interna e externamente, os ideais do esoterismo de seus mestres e patronos inspiradores.

No primeiro e segundo andares, abriga o Salão Nobre e a sala de meditação — dedicada às meditações especiais do Grupo dos Doze e também do Grupo Esotérico Filhos da Luz, que abordaremos mais adiante —, e a Livraria O Pensamento é instalada no térreo. Desse modo, a

Prédio da biblioteca, em construção, 1925

editora fica com mais espaço para suas oficinas gráficas e sua equipe editorial; também todo o funcionamento contábil e de cadastro de filiados do Círculo Esotérico fica mais bem instalado.

Essa obra de arte é inaugurada em 27 de junho de 1925. Na edição de maio de 1925 da revista *O Pensamento*, a notícia da inauguração está assim anunciada:

A Nova Séde da Ordem

A inauguração da nova séde da Ordem que se fará solenemente no dia 27 de junho próximo e que coincidirá com a data de anniversário da fundação da mesma nesta capital, será um acontecimento grandioso, ao qual não deixarão de comparecer os representantes delegados dos nossos tattwas *das mais longínquas regiões do paíz e do estrangeiro. O Templo está faiscante de ouro e de outras riquezas e ornamentos raros.*

As cerimônias serão presididas pelo nosso venerável Irmão Sr. Bráulio Prego, presidente do Supremo Conselho. O nosso venerável Irmão Maior da Ordem e Delegado Geral Sr. A. O. Rodrigues fará o seu discurso de apresentação do Templo aos irmãos da Ordem: seguir-se-lhe-á na palavra o grande secretário e orador official da Ordem, nosso venerável Irmão Sr. Prof. Antônio Vidal.

A festa, como se prevê, será imponente e única no gênero.

No próximo número da revista publicaremos os detalhes do Templo; por elles, os nossos bons Irmãos da Ordem terão occasião de apreciar, photograficamente, uma verdadeira maravilha!

Prédio da biblioteca em 1925.
Nele funcionou o Salão Nobre até 1930, quando foi inaugurado o Prédio da Torre

Ricamente decorado com estátuas, alto-relevos, afrescos e detalhes em ouro, esse é o primeiro prédio do Brasil a conter em sua arquitetura, salvo

Livraria O Pensamento, por volta de 1925

exceções de lojas maçônicas, toda uma simbologia oculta espiritualista. Destacamos aqui os principais adornos que compõem essa maravilhosa obra de arquitetura a partir da descrição de uma importante filiada do CECP, Izabel Cravo das Neves, no jornalzinho *O Astro* no final da década de 1980:

Fachada:
Cúpula em forma de globo, que representa o Mundo. Tem quatro janelas que dão para os quatro pontos cardeais. Na arcada encontra-se a estatua que representa o Gênio da Luz e do Mistério. Tem em sua mão direita um facho de luz e na esquerda um triângulo onde esta gravado em ouro o nome sagrado: IOD-HÉ-VAU-HÉ e a seus pés, em silêncio, a esfinge representando o Mistério. Encabeçando a estátua, sob a forma de arco, encontra-se gravada a face "VITAM EMPENDERE VERO", "[consagrai] dedicai vossa vida à Verdade". À direita do Gênio da Luz – a estátua que representa o Gênio do Esoterismo, em atitude de concentração, meditando sobre a vida.

A mão direita esta apoiada em uma caveira que sai de uma pira, colocada em cima de uma coluna encimada por livros, com a inscrição "NOSCE TE IPSUM" ou "Conhece-te a Ti Mesmo". À esquerda encontra-se a estátua que representa o Gênio do trabalho, que diz em silêncio, "Pela Ciência e pelo Trabalho tudo se consegue na Vida". No centro, dentro de um triângulo, vemos as asas do Pensamento, símbolo do CECP.

Em cima da sacada, três baixos relevos representando a Ciência, a revelação e o trabalho.

1. *Representados na Ciência: a Astronomia, a Matemática, a Física, a Química e a Medicina.*

2. *Na Revelação, encontra-se o maior dos iniciados: o amado [Mestre] Jesus curando doentes.*
3. *No Trabalho: os Símbolos da Lavoura e do Trabalho.*

Encontra-se ainda em cima da sacada – 4 colunas representando o lema: Harmonia, Amor, Verdade, Justiça sustentadas por 4 gigantes, que em seu silêncio nos dizem que devemos ser fortes e resignados para suportarmos todos os revezes de nosso destino e para vencermos as lutas a que estamos sujeitos. Na sacada: ostentam-se símbolos de Fraternidades Ocultistas.

No saguão de Entrada, em baixo relevo:

1) *O Guardião do Templo,*
2) *O Amor e o Sacrifício, e*
3) *a Morte (ou renovação das ideias).*

No teto vemos Isis, deusa Egípcia assentada em uma Esfinge empunhando um facho de Luz, de cujos os raios saem as 4 palavras H.A.V.J., em roda encontram-se os 12 signos do Zodíaco, representando os 12 meses do ano. Temos as Cruzes Tibetanas e dois triângulos com a inscrição: Sabedoria, Vontade, Amor, Equilíbrio, Providência, Liberdade.

No fundo o Emblema da Ordem, dando a ideia de um sol que irradia suas luzes a todos os seres da Criação. Em seus lados, duas Esfinges em atitude de contemplação, segurando um facho de luz.

Sala dos Mistérios – Escadas em Espiral – Indicando que a nossa vida é uma roda ascendente –3 patamares que dizem: Nascer, Viver, Renascer. No alto, um baixo relevo, representando o "Renascimento da Alma".

No canto, à esquerda da entrada na sala, sobre uma coluna de mármore, uma estátua de bronze, representando o Gênio humano, preso à matéria, com o seguinte dístico: "Ënlcave Sur Le Soi Gu Léentreint Sea Esprit Dans La Nuit Va chercher La lumièri", traduzindo: Escrevo Sobre a Terra, Onde a Matéria Retém Seu Espírito na Noite, Vai Procura a Luz". Na mão direita em forma de lápide, lê-se "Ad Incogtium" (ao incógnito).

Sala do Silêncio:
Santuário da Verdade que se cultiva e investiga. Temos a "Árvore da Vida" (ou Lei da Causa e Efeito) o "Desejo Ardente" com o tempo se descobre a "Verdade e o Santuário".

A Cadeira Vazia é destinada exclusivamente ao venerável e amado irmão maior: o Mestre Incógnito, que preside todos os trabalhos esotéricos da Augusta Ordem.

Escadaria do prédio da biblioteca, por volta de 1925

Medalhões representando Francisco Valdomiro Lorenz e Heitor Durville

Salão Nobre do prédio da biblioteca, 1925

Tribuna do Salão Nobre do prédio da biblioteca, 1925

74 "O PENSAMENTO" EM EVOLUÇÃO

Grande audiência no Salão Nobre

Sala de Meditação

Todas essas obras são em mármore, ouro e bronze. Tal riqueza simboliza a Riqueza Interna e o Espírito de Prosperidade que há no seio do Círculo. Com toda essa simbologia e riqueza no plano material, o CECP quer representar os seus ideais mais elevados, mostrando que o impossível só pode tornar-se possível e real a partir dos mais verdadeiros e nobres sentimentos e das reais intenções de promover a Harmonia, o Amor, a Verdade e a Justiça — todos ligados por um Ideal de Fraternidade Universal e Cooperação.

Esse magnífico templo de pura luz, que partilha com seus Irmãos os mais altos ideais do verdadeiro espiritualismo, em breve fica pequeno, como pode ser visto no dia de sua inauguração e de aniversário de 16 anos da Ordem: o salão de conferências lota rapidamente e muitos filiados têm de assistir a cerimônia em pé.

O sonho de AOR começa a se tornar cada vez mais real. Os nobres projetos que, certo dia, vieram-lhe à mente — as pessoas poderem viver num mundo mais justo e perfeito, sem qualquer distinção

Uma das raras imagens de A. O. Rodrigues, sem o seu característico bigode

quanto à sua procedência —, logo tocam a opinião pública, pois, nesse mesmo ano de 1923, no dia 4 de agosto, quando se iniciavam as obras do novo templo, o CECP recebe a aprovação unânime do Congresso Nacional por meio de uma emenda constitucional que considera a Ordem de utilidade pública pelo fato de: respeitar todas as religiões; espalhar constantes benefícios; tornar a humanidade mais feliz ao dar combate ao egoísmo, ao álcool e à imoralidade; pregar respeito à autoridade instituída; procurar vencer a indolência; e libertar o homem da ignorância.

Assim determinou o Congresso Nacional:

> *Não há como uma pessoa de boa-fé contestar essas ações; afinal são serviços de natureza relevantíssima que essa associação de abnegados procura prestar aos homens e, notadamente, aos seus associados. Ela contribui para o fortalecimento, a disciplina e a grandeza de nossa raça.*
>
> *Nenhum caracter religioso, parece-me, tem essa sociedade, de modo que a commissão escrupulizasse em deter a justa aspiração de seus filiados, reconhecendo-a de utilidade pública, sob o fundamento da secularização do Estado, adaptada como um dos princípios de nossa organização política.*
>
> *Mas admittindo, sómente, para argumentos, que fins religiosos tivesse essa sociedade, nem por isso seria de negar deferimento à sua pretensão [...]*
>
> *Sala das commissões, 2 de agosto de 1923 – Mello Franco, Presidente – Aristides Rocha, Relator – J. Lamartine – Godofredo Maciel – Lindolpho Pessoa – Heitor de Souza.*

> *(Sabbado, 4 de agosto de 1923 – nº 1849)*
> *Congresso Nacional*

Depois de alguns meses de sua inauguração, as reuniões no novo salão de conferências passam a ficar cada vez mais lotadas. E o número de filiados não para de crescer, não apenas nas capitais dos estados, mas também nos lugares mais afastados da vida urbana e cosmopolita de São Paulo, a sede central da Ordem, e cresce igualmente fora do país.

Surge então a necessidade de construir outro prédio para abrigar, juntos novamente, o CECP, a gráfica e a editora, que graças à publicidade trazida pela revista, pelo jornalzinho *O Astro* e pelo almanaque, além da livraria, conta agora com quase uma centena de títulos em seu catálogo, que transita pelas mais diversas formas e filosofias do espiritualismo universal.

Mas o prédio vai abrigar também uma novidade: um hospital próprio para os filiados da Ordem, que se chamaria Policlínica O Pensamento.

A era de ouro do Círculo Esotérico da Comunhão do Pensamento está para se iniciar.

CIRCULO ESOTERICO DA COMMUNHÃO DO PENSAMENTO

IOD-HÉ-VAU-HÉ

SÉDE: RUA RODRIGO SILVA, N. 23 —— SÃO PAULO — (Brasil)

RESUMO DOS ESTATUTOS

O "Circulo Esoterico da Communhão do Pensamento", fundado em 27 de Junho de 1909, na cidade de São Paulo e com séde nella, é um circulo de communhão do pensamento de seus membros e tem por fim:

a) Promover o estudo das forças occultas da natureza e do homem;
b) Promover o despertar das energias creativas latentes no pensamento de cada filiado, no sentido de lhe assegurar o bem-estar physico, moral e social, mantendo-lhe a saude do corpo e do espirito;
c) Concorrer na medida de suas forças para que a *Harmonia*, o *Amor*, a *Verdade* e a *Justiça* se effectivem cada vez mais entre os homens;
d) Desenvolver uma propaganda activa e efficiente entre seus filiados por meio de publicações, conferencias, etc., nas quaes recommendará o maximo respeito e tolerancia para com todas as religiões e credos philosophicos;
e) Empregar todos os meios ao seu alcance em prol do bem-estar da humanidade, empenhando-se no combate aos vicios que a flagellam, como: o alcoolismo, os toxicos enebriantes, maus habitos, etc.;
f) Auxiliar, na medida de seus recursos, todo o emprehendimento humanitario e altruista;
g) Animar entre seus membros o culto civico dos grandes bemfeitores da humanidade, o respeito ás leis e aos poderes constituidos do paiz;
h) Fomentar relações com outras agremiações congeneres, quer nacionaes quer extrangeiras.

O Circulo constará de numero indeterminado de membros de ambos os sexos, sem distincção de cór, nacionalidade, posição ou crença sendo por essa forma, uma associação verdadeiramente cosmopolita e internacional.

Ao pedirem sua iniciação no Circulo, pagarão de uma só vez trinta mil reis (30$000)
(*) isto no primeiro anno, e nos annos subsequentes, quinze mil reis (15$000) por anno.
Para o extrangeiro, filiação 60$000; com direito ás Instrucções encadernadas, 76$000. — Nos annos seguintes, annuidade, 20$000.

Formula para pedir sua iniciação no Circulo:

"CIRCULO DO PENSAMENTO"

São Paulo

Obrigo-me, sob palavra de honra, a não fazer mau uso dos conhecimentos que adquirir por intermedio do Circulo Esoterico da Communhão do Pensamento, a evitar o meu embrutecimento pelo abuso do alcool, e a cumprir com todos os deveres sociaes.

NOME.................................LOGAR DE RESIDENCIA...........................
RUA.............................. N......... ESTADO DE..................... PAIZ...............

(*) Enviar mais 2$000, se quizer que as Instrucções sejam remettidas todas sob registro do correio.
A filiação com direito ás Instrucções ricamente encadernadas em 3 volumes e bem acondicionadas numa caixinha: 40$000, indo tudo registrado pelo correio.
Toda correspondencia deverá ser dirigida ao CIRCULO ESOTERICO, Rua Rodrigo Silva, 23 — São Paulo (Brasil).

Estatutos do CECP, publicados em uma revista *O Pensamento* da década de 1920

Croqui do Prédio da Torre

Quando falta apenas um ano para a sua maioridade, em 27 de junho de 1926 — na comemoração de 17 anos da agora consagrada ordem esotérica —, ocorre a famosa cerimônia do lançamento da pedra fundamental do (hoje lendário) Prédio da Torre.

Comemorada com um grande ato solene e com uma profunda e emocionante oração e um breve histórico da prestigiada sociedade esotérica, proferidos pelo Venerável Irmão da Ordem e advogado do Fórum Municipal de São Paulo, Dr. Bertho Condé, a cerimônia recebe a honrosa presença do general Eduardo Sócrates, comandante da 2ª Região Militar, e de um sem-número de filiados de outros estados e de representantes dos *tattwas*. Torna-se um dos eventos mais comentados da época.

Lançamento da pedra fundamental da nova séde do Circulo Esoterico, a 27 de Junho de 1926.

Grupo tirado ao terminar a ceremonia. — Da esquerda para a direita: Snr. Dr. Guilherme de Moraes Nobrega, m. d. delegado de policia; Prof. M. Ximenes, Prof. Braulio Prego. Exmo. Snr. Dr. General Eduardo Socrates, Exmo. Snr. Adhemar de Campos, A. O. Rodrigues, Delegado Geral da Ordem; Dr. José Lopes Ferraz, Dr. Bertho Condé, engenheiro constructor Dr. Francisco Battazzi e mais pessoas gradas.

Grandes personalidades paulistanas depois da cerimônia de fundação do Prédio da Torre

Lançamento da Pedra Fundamental, 1926

AOR discursa em meio às obras de construção do Prédio da Torre

O *Correio Paulistano* do dia 28 de junho de 1926 assim noticia o evento:

Círculo Esotérico e Policlínica "São Paulo" – A Inauguração de sua Séde

Realizou-se hontem, às 14 horas, o lançamento da pedra fundamental do edifício destinado à séde do Círculo Esotérico da Comunhão do Pensamento e sua Policlínica.

O Senhor Presidente do Estado esteve representado, nesse acto, pelo Sr. Adhemar de Campos, notando-se mais a presença do Senhor General Dr. Eduardo Sócrates, commandante da II Região Militar, representante do Cel. Pedro Dias Campos – commandante geral da Força Pública –, membro da directoria, e grande número de associados do Círculo Esotérico, bem como representantes da imprensa [...] A planta do edifício foi elaborada pelo architecto Francisco Battazzi, que também foi encarregado de sua construcção.

O prédio terá 50 metros de frente, na Rua Conselheiro Furtado, e outros 15 metros, que darão para o Largo de São Paulo.

Constará de quatro pavimentos: o térreo, onde serão installadas as officinas graphicas do "Pensamento"; o segundo andar, destinado exclusivamente a séde do Círculo; o terceiro e o quarto, que serão reservados para a installação da Policlínica.

No segundo pavimento será construído um grande salão, com capacidade para 1.200 pessoas, e onde se realizarão as conferências.

Ao lado deste salão, ficarão as duas salas da Bibliotheca do Círculo.

A Policlínica que, como dissemos, ocupará os dois ulttimos pavimentos, será completa, e o seu apparelhamento, um dos melhores do Brasil.

Dois elevadores serão installados para o seu serviço.

No ângulo do edifício, formado pela Rua Conselheiro Furtado e Largo de São Paulo, será elevada uma torre de trinta metros de altura, com um pharol giratório.

Toda a construcção será de cimento armado.

Como podemos perceber, a sede trata-se realmente de algo jamais visto no Brasil, pelo menos para esse tipo de destino. Um prédio desse porte acomodaria normalmente um banco, um hospital ou um pequeno e luxuoso hotel, mas uma ordem esotérica, munida de gráfica, editora e hospital próprio, é realmente algo inédito!

A grandiosidade da obra só é ultrapassada por sua poderosa corrente mental coletiva, que já alcança mais de 20 mil membros e 315 *tattwas* espalhados em várias partes do mundo. Um fenômeno que, em apenas 16 anos, difundiu-se de tal forma que alcançou os mais longínquos lugares. E o Brasil, país católico, mas com um pendor sincrético para o místico, parece realmente ser o local ideal para o florescimento de tal instituição, num momento em que as notícias só chegam por meio de jornais, revistas ou de boca em boca.

AOR (ao centro, de óculos e terno claro), entre membros do CECP no prédio em obras

Reunião de membros do CECP no Prédio da Torre, ainda inacabado

82 "O PENSAMENTO" EM EVOLUÇÃO

O Círculo se espalha com uma rapidez tão incrível que só faz sentido pensarmos que há, nesse instante, a grande necessidade de uma instituição como essa em nosso país. Uma agremiação que aceita todas as pessoas, sem desprezar ninguém, e, ao mesmo tempo, recebe apoio de todas as partes é um caso raro na "pátria do evangelho" e numa terra de tantas desigualdades como a nossa.

O edifício do Largo de São Paulo, no bairro da Liberdade, é inaugurado no dia 27 de junho de 1930, com uma grande cerimônia. A conferência inaugural lota o salão e, assim, logo percebe-se que as salas destinadas à biblioteca teriam outra ocupação — mais espaço para os filiados.

A biblioteca, que até então estava informalmente instalada no prédio anterior, da Rua Rodrigo Silva, nº 40, ganha, como espaço definitivo, todo o primeiro andar do prédio do antigo, mas nem tanto, Salão Nobre, na Rua Rodrigo Silva, nº 30. No amplo espaço, o Círculo passa a ter uma instalação realmente única para chamar de "nossa biblioteca".

Enfim, depois de tantos anos, a Ordem ganha a Biblioteca Psychica Paulista do Círculo Esotérico da Comunhão do Pensamento, em outubro de 1930.

Solenidade ocorrida no Salão Nobre (AOR está sentado ao centro, de óculos), por volta de 1930

Grande evento de Aniversário da Ordem, por volta de 1930

Grande evento de aniversário da Ordem

Logo após a inauguração do Prédio da Torre, com seu imponente farol, o Dr. José Lopes Ferraz, filiado do Círculo e marido de Ricardina Rodrigues — a única filha de Antonio Olivio —, juntamente com os médicos Dr. J. Cândido da Silva, Dr. Oscar Santos e Dr. Ulysses Paranhos, dá início às atividades da Policlínica O Pensamento, que vão de dezembro de 1930 ao início de janeiro de 1931.

Exterior do Templo, no Largo São Paulo

Escadaria da entrada principal do Templo, no Largo São Paulo

O Prédio da Torre, com seu farol iluminando a noite, por volta de 1930

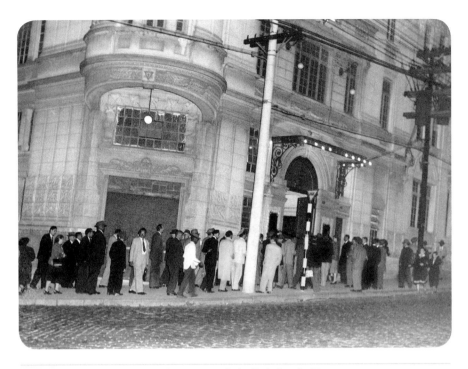

Entrada principal do Prédio da Torre

Multidão diante do Prédio da Torre

"O PENSAMENTO" EM EVOLUÇÃO

O novo Salão Nobre da Ordem

O novo Salão Nobre da Ordem

Vista do Salão Nobre, 1930

E tal como explicava um simpático opúsculo de divulgação da obra, em 1927, ela seria assim:

> [Na] *nova séde do Círculo Esotérico da Comunhão do Pensamento, em construcção no Largo de São Paulo nº 20 (esquina da Rua Conselheiro Furtado), em cuja séde funcionará a Policlínica d'O Pensamento, onde gratuita e humanitariamente serão tratados os que a ella recorrerem.*
>
> *Os serviços ambulatoriais da Policlínica serão os mais completos da América do Sul.*

A policlínica tem como um de seus diretores o Dr. José Lopes Ferraz, médico formado pela Faculdade de Medicina do Rio de Janeiro, com especialização em psiquiatria em Paris. Também é filiado à Academia Livre de Estudos Filosóficos, onde ocupa a cadeira de psicofisiologia, tendo apresentado trabalhos em diversas áreas — tais como as de fenômenos nervosos psicológicos e fisiológicos, e de diferenciação entre consciente, inconsciente e subconsciente —, além de trabalhos no campo da psicanálise.

Com o funcionamento diário da clínica, vai se percebendo como é oneroso para uma instituição particular manter um atendimento médico gratuito numa ci-

Vista do balcão superior do Salão Nobre

dade que não tem uma estrutura médica decente para oferecer aos seus cidadãos enfermos.

A ideia da Policlínica é então abandonada. Os dois andares a ela destinados e todo o seu equipamento de última geração é posto à disposição da prefeitura de São Paulo, gratuitamente. Ali ela funda o primeiro hospital municipal, com o nome de Hospital Pasteur de Pronto Socorro, que fica sob a direção da Cruz Vermelha.

Uma mudança muito positiva para ambas as partes. A consolidação do CECP na sociedade, que no início de 1932 conta com mais de 55 mil membros e 648 *tattwas*, é reflexo de uma São Paulo que começa a incomodar o poder, não pelo seu crescimento vertiginoso e acelerado , como as do Círculo, mas por sua liderança política que havia caído depois da Revolução de 1930, quando Getúlio Vargas tomou o poder.

Nessa época, São Paulo ainda tem muito a mostrar ao Brasil e ao poder instituído diante de tantos atos políticos que ela julga completamente desmedidos. Algo precisa ser feito. Uma nova constituição ou uma revolução.

O poder central/federal da "república nova" tem de escolher. Um importante momento histórico aguarda a São Paulo em 1932 (e dentro de pouco tempo, o mundo passaria por uma grande transformação, em que "forças ocultas" novamente ameaçariam a Harmonia, o Amor, a Verdade, a Justiça e a Liberdade). O século XX está chegando para ficar.

CAPÍTULO

VII

Mundos em Colisão – Transições no Brasil e no Mundo:
da Revolução de 1932 à Segunda Guerra Mundial —
Os Filiados do Círculo Esotérico e a Vida Cotidiana e Espiritual
Brasileira da Década de 1930 ao Início dos Anos 1940

Mahatma Gandhi dizia:
"Quando uma pessoa só manifestar a plenitude do Amor, anulará o
ódio de milhões", então nós podemos fazer isso.
Eu quero ver compreensão, não ódio; mas a paciência, a tolerância e Amor...
Porque Deus é Amor. O Amor é uma manifestação de Deus.
— JOMANO

A década de 1930 é marcada por importantes acontecimentos políticos e sociais. No Brasil, mas principalmente na Europa, regimes totalitaristas ameaçam a liberdade individual em prol de um "estado forte".

Vamos nos ater primeiramente ao nosso país. Depois ver o que acontece no velho continente, que, no início do século XX, já havia sofrido com uma guerra nunca antes vista e considerada pela maioria das pessoas o maior pesadelo de todos os tempos, mas, para outras, a "necessária guerra" para pôr fim a todas as guerras. No entanto, um pesadelo muito pior está a caminho, em direção à Europa.

"Na tarde do dia 3 de novembro de 1930, com o Palácio do Catete completamente lotado, Getúlio Vargas — envergando pela última vez o seu uniforme militar — toma posse 'provisoriamente' do governo federal [...] No discurso de posse, Getúlio prometera 'promover, sem violência, a extinção progressiva do latifúndio, desmontar a máquina do filhotismo parasitário e sanear o ambiente moral da pátria'. [...] Surgia um Estado forte, paternalista, centralizador e nacionalista. A intervenção do Estado na economia crescia: os sindicatos e as relações trabalhistas passaram a ser controlados pelo governo. Empresas estrangeiras eram obrigadas a ter dois terços de empregados brasileiros e a pagar um tributo de 8% sobre os lucros enviados ao exterior. Em breve, Vargas se sentiria forte o bastante para tentar se perpetuar no poder" (Bueno, 2002, pp. 326-27).

Era o final da República Velha e da "política do café com leite", durante a qual São Paulo e Minas Gerais se alternaram no governo federal, por meio de eleições fraudulentas, suspensão de liberdades constitucionais, violência física e censura.

Mas para se manter no poder, Getúlio não age de modo tão diferente dos seus antecessores.

As divergências entre São Paulo e Getúlio têm início quando ele, a caminho da capital federal, permanece por apenas 24 horas na cidade de São Paulo e nomeia o Cel. João Alberto de Barros, que não era paulista, como interventor no estado.

Em março de 1932, Vargas substitui o Cel. João Alberto por Pedro de Toledo, paulista e civil, mas este não é bem recebido pelos paulistas. Como se não bastassem essas ofensas a São Paulo, o Instituto do Café é "esvaziado" de poderes a fim de marcar, de maneira bastante clara, o final da "república dos fazendeiros".

A morte de quatro rapazes — Martins, Miragaia, Dráusio e Camargo (as famosas iniciais MMDC), que, numa grande manifestação popular e estudantil nas proximidades da Praça da República, tentaram invadir a Liga Revolucionária, uma organização favorável ao regime ditatorial de Vargas — é o estopim para que a sociedade paulista finalmente se erga e lidere uma campanha constitucionalista para o Brasil, embora seu lema fosse "São Paulo livre, civil e paulista".

Com a classe média, as indústrias e os cafeicultores unidos, tudo parece correr bem e a favor dos revolucionários. Assim, no dia 9 de julho de 1932, estoura a Revolução Constitucionalista em São Paulo. É o primeiro levante contra a ditadura de Vargas.

Está nos planos dos revolucionários um ataque fulminante contra a capital federal. Mas a situação dos paulistas começa a se tornar difícil, pois vários estados que prometeram apoio recuam de sua decisão — apesar de mais de 60 mil paulistas irem para as frentes de batalha, contam apenas com o apoio do Gal. Bertoldo Klinger, então comandante militar do Mato Grosso.

O estado tem suas fronteiras fechadas e fica sem armamento adequado, entre outros revezes.

Em setembro, as condições de São Paulo são precárias em vários aspectos. O interior é pouco a pouco invadido pelas tropas federalistas, e a capital fica ameaçada de ocupação. Sua economia, asfixiada pelo bloqueio do porto de Santos, sobrevive graças às doações em ouro feitas pelos cidadãos. Sendo assim, os soldados das tropas paulistas desertam em número cada vez maior.

Percebendo que a derrota é uma questão de tempo, as tropas da Força Pública Paulista são as primeiras a se render. Após o colapso de suas defesas, a liderança revolucionária se rende para as forças federalistas, chefiadas pelo Gal. Góis Monteiro, no dia 2 de outubro de 1932, na cidade de Cruzeiro. O fim da ditadura de Getúlio Vargas não acontece (e a nova constituição viria apenas dois anos depois).

"Em 15 de novembro de 1933, os 254 deputados começaram a trabalhar na nova Constituição. Menos de ano depois, em 16 de julho de 1934, a nova Carta era promulgada. Ao estabelecer uma república federalista, a Constituição se inspirava na da República de Weimar — o regime que governou a Alemanha entre o fim da Primeira Guerra Mundial e a ascensão do nazismo. [...] Era uma coincidência ironicamente profética: como Weimar, a Constituição de 1934 estava destinada a ser meramente transitória, vigorando apenas por três anos, até o advento do Estado Novo. O texto era reticente e híbrido: dava novo fôlego aos oligarcas favoráveis à descentralização, mas, ao mesmo tempo, estabelecia as bases para a doutrina da 'segurança nacional'; criava uma nova legislação trabalhista, mas atrelava os sindicatos à máquina governamental" (Bueno, 2002, p. 332).

É um momento delicado para o Brasil e para a política internacional o período entre 1932 e 1939, no qual regimes radicais surgem para substituir a política democrática liberal, que mostra claros sinais de cansaço, como no caso da Alemanha e da efêmera República de Weimar.

A ascensão do nazismo na Alemanha, do fascismo na Itália e do stalinismo na União Soviética, acrescidos da guerra civil espanhola — tudo isso gera tensões no Brasil, com enfrentamentos nas ruas entre os comunistas e os integralistas (os fascistas tupiniquins de camisas verdes).

A Intentona Comunista de 1935 dá um novo ímpeto à repressão governista.

Durante todo o ano de 1936, o Congresso aprova na íntegra as medidas de exceção solicitadas pelo governo. E com desmandos e prisões ocorrendo durante todo o primeiro semestre de 1937, o Brasil vive sob um constante "estado de guerra".

Mas para provocar um novo golpe, ainda mais duro que o de 1934 e o da revolução de 1930, é preciso um novo pretexto, seja ele verdadeiro ou falso. É então que o Cap. Olímpio Mourão cria o Plano Cohen — para todos os efeitos, um plano "criado" pelos comunistas para subverter a ordem no Brasil.

Quando o oficial Caiado passa as informações ao chefe do Estado Maior, Gal. Góis Monteiro, e elas são lidas — a partir dos trechos do documento forjado pelas forças governistas — por Getúlio Vargas em cadeia nacional, no programa radiofônico *Hora do Brasil*, o golpe dentro do golpe está dado.

No dia 10 de novembro de 1937, a Polícia Militar fecha o Congresso, onde vários parlamentares são presos, e assim o Estado Novo é instaurado. (Essa ditadura, cujo nome foi inspirado na ditadura portuguesa de Salazar, manteve-se no poder por doze anos, até 29 de outubro de 1945. Nessa data, o governo do Estado Novo centralizou o poder, com a nomeação de interventores em estados da federação, redigiu sua própria constituição, cancelou as eleições e queimou todas as bandeiras estaduais num

94 "O PENSAMENTO" EM EVOLUÇÃO

"ritual unificador", para assim manter a unidade nacional. E prendeu mais de 10 mil pessoas; muitas das quais foram torturadas e mortas.)

Na Alemanha, depois que o partido nazista tomou o poder, em 1933, uma sequência de medidas culmina num grande incêndio no Reichstag (Congresso), atribuído aos comunistas; um golpe tão engendrado e falso quanto o Plano Cohen do Estado Novo. Os nazistas formam um poder absoluto que vai culminar na anexação da Áustria e dos sudetos, na Tchecoslováquia, e na invasão da Polônia em 1939, o que desencadeia a Segunda Guerra Mundial.

* * *

Durante toda essa dura fase da história nacional e mundial, o CECP e seus *tattwas* continuam a dar apoio espiritual e moral aos seus filiados.

Grupos de estudos metafísicos, herméticos e mentalistas; irradiações mentais diárias; novos *tattwas* a cada semana; reuniões exotéricas e esotéricas — enfim, um grande "arsenal espiritual" torna-se muito necessário numa década tão difícil para o mundo, a qual se iniciou com os maus frutos da crise de 1929 e se arrastou até chegar a uma nova guerra mundial, em 1939.

O Círculo Esotérico cresce, espalha-se e ajuda a minimizar o sofrimento de milhões de pessoas ao redor do mundo, utilizando todas as "forças mentais" de sua filosofia, expressada por seus "postos espirituais", rituais, orações e vibrações, como as citadas anteriormente.

Além de todo esse inestimável patrimônio espiritual que o CECP põe à disposição de todos, há também dois importantes grupos que se dedicam a irradiações/meditações especiais, encarregados de purificar o "Plano Mental Superior" da Ordem e lhe dar sustentação espiritual. Ao mesmo tempo, esses grupos oferecem um forte impulso evolutivo a todas as pessoas conectadas, inconsciente ou conscientemente, com esse tipo de vibração, a fim de criarem uma cadeia vibracional que traga cada vez mais Ordem, Luz e Amor para todo o planeta.

O Grupo dos Doze (que existe até hoje) fica encarregado de dar a sustentação espiritual ao Círculo durante as reuniões que ocorrem no Salão Nobre, no Largo de São Paulo, todo dia 27 do mês. Essa meditação é realizada na sala de irradiação, no terceiro andar do prédio da Rua Rodrigo Silva, nº 30, e sempre por um grupo fixo de pessoas, que usam uma fita de tecido decorada com a simbologia esotérica da Ordem. Completamente abstêmios de álcool, fumo, sexo e alimentos de origem animal, como a carne, por exemplo, a pessoa que faz parte desse grupo permanece nesse estado por três dias, além manter os pensamentos em sua mais elevada forma.

Nessa mesma sala, a Fraternidade Filhos da Luz realiza diariamente um longo ritual matutino, composto de orações esotéricas e uma grande récita em que cada

Exemplares da revista *O Pensamento* da década de 1930

uma das 38 regras espirituais da ordem é repetida inúmeras vezes. (Esse grupo, com o tempo, desfez-se no plano físico e recolheu-se aos planos internos da vida, pouco depois do falecimento do mentor espiritual e idealizador dessa fraternidade, Antonio Olivio Rodrigues — o venerável Irmão Maior e presidente delegado geral, AOR.)

Vale lembrar que, além desse trabalho, a Fraternidade Filhos da Luz é também uma ordem/escola iniciática, funcionando dentro do Círculo Esotérico, e que tem como cerne de seus ensinamentos o esoterismo rosa-cruz, no qual AOR é um iniciado.

Durante toda a década de 1930 é levada a cabo a "Campanha dos 100 Mil", visando trazer ao Círculo 100 mil filiados, a fim de realizar, de forma ainda mais abrangente, justa e perfeita, os ideais da Ordem e irradiar suas nobres divisas para o mundo.

* * *

Mesmo após a Revolução de 1932 — na qual o jovem Arthur Riedel lutou; mas falaremos desse importante membro do Círculo no próximo capítulo —, a cidade de São Paulo não para de crescer. O cinema e o rádio consolidam-se como os principais meios de comunicação, diversão e cultura. Além dos filmes, a maioria dos cinemas oferece cinejornais ao seu público, os quais mostram o que ocorre no Brasil e no

Foto da Revolução Constitucionalista de 1932
(Arthur Riedel é o segundo em pé, da esquerda para a direita)

mundo. Humberto Mauro, famoso por seu filme *Ganga Bruta*, de 1933, é o maior documentarista do período, com centenas de produções.

Os maiores cinemas da cidade estão localizados na chamada Cinelândia Paulista, entre a Av. São João, o Largo do Paissandu, a Rua Sta. Efigênia e a Av. Ipiranga. Muitos desses cinemas chegam a acomodar mais de duas mil pessoas.

De 1933 em diante, a economia paulista volta a crescer, tanto vertical quanto horizontalmente. Apesar de o panorama mundial ainda estar recessivo, um curso irrefreável transforma São Paulo na cidade que mais cresce no mundo e torna-a mais rica a cada dia.

Com o regime nazista varrendo a Europa, milhares de judeus migram para as Américas. Muitos deles vêm para o Brasil e, dos que

Cartão de visita de AOR

Segunda via da carteira de identificação de membro do CECP

chegam a São Paulo, numerosos são artistas, que enriquecem o já famoso quadro paulista de escritores, diretores teatrais e artistas plásticos — Lasar Segall é apenas um exemplo entre muitos.

Com a influência dos filmes hollywoodianos, a moda feminina sofre grandes mudanças. A necessidade de aliar elegância às limitações do bolso leva as senhoras a procurarem algo intermediário, entre os ateliês de alta-costura e a costureira de bairro. Esta (que daria origem ao *prêt-à-porter*) é apenas uma das muitas profissões que esquentam indiretamente a economia paulistana, assim como os mascates libaneses, que começam pouco a pouco a ocupar a Rua 25 de Março.

Os cursos profissionalizantes por correspondência estão começando a ficar populares. Os mais procurados são os de eletrônica e mecânica, para os homens, e os de corte e costura e de secretariado moderno, para as mulheres.

O antigo e tradicional comércio do centro velho de São Paulo começa a se expandir para o centro novo (que, na época, ainda era mais pacato e residencial), como a tradicional megaloja de propriedade de ingleses, o *Mappin Stores*, que se muda em 1939 para um grande edifício em estilo *art déco*, em frente ao Teatro Municipal.

Os ônibus, que começaram a circular em 1930, vão tomando cada vez mais o espaço do tradicional bonde. Ao mesmo tempo, os automóveis — cada vez mais sofisticados — multiplicam-se e, por conta dessa frota que só aumenta a cada dia, é desenvolvido o Plano das Avenidas, de autoria de Ulhoa Cintra e do prefeito Prestes Maia (na gestão 1938-45). São então projetadas e abertas as avenidas Duque de Caxias, Nove de Julho, Ipiranga, São Luís e Vieira de Carvalho, entre outras. Essas vias também fazem parte do projeto "Os Melhoramentos de São Paulo", que inclui a construção da Biblioteca Municipal, da Galeria Prestes Maia e da Praça Clóvis Bevilacqua, dentre tantas mudanças pelas quais passou São Paulo nesse novo surto de crescimento. A cidade de alvenaria do início do século vai dando cada vez mais espaço para a nascente metrópole de concreto.

Surge também nesse período, em 1934, a Universidade de São Paulo - USP, uma criação de Júlio Mesquita Filho, Vicente Rao, Paulo Duarte e Armando de Salles Oliveira.

Os desfiles de carnaval tornam-se cada vez mais populares, assim como os bailes, que, em sua versão mais artística, ganham a participação de Lasar Segall, Anita Malfatti, Mário de Andrade e Sérgio Milliet, entre os muitos que festejam o "carnaval modernista" de 1933. A partir de 1935, os desfiles passam a ser subvencionados pelo governo, criando assim uma das maiores instituições da cultura brasileira.

Principalmente por causa dos filmes e da música veiculada pelas rádios, a influência da cultura francesa começa nessa época a diminuir e ceder lugar à forte influência da cultura norte-americana. Após a superação da crise de 1929, os Estados Unidos entram numa nova fase, mais expansionista, que prega que a cultura é a melhor forma de conquistar territórios e fazer amigos, evitando assim que estes sejam seduzidos pela crescente União Soviética e o seu "perigo vermelho", o comunismo.

A Feira Internacional de Nova York, de 1939, é um grande marco desse período.

Já a aproximação dos governos norte-americano e brasileiro demora a se concretizar, pois Getúlio Vargas tem uma grande simpatia pelo Eixo; torna-se realidade apenas em 1940, quando se inicia a construção da base aérea norte-americana Campo de Parnamirim, em Natal, no Rio Grande do Norte, em troca de um empréstimo de 20 milhões de dólares para financiar as obras da usina siderúrgica de Volta Redonda.

A indústria brasileira se desenvolve rapidamente nesse conturbado período histórico, pois as importações de muitos produtos se tornam inviáveis com o início da Segunda Guerra Mundial.

* * *

Seguindo esse surto desenvolvimentista, além das reuniões superlotadas, vários *tattwas* começam a ter um grande número de afiliações, graças à campanha dos cem mil realizada pela revista *O Pensamento*. São idealizados grandes eventos, que incluem apresentações de orquestra coral e até teatro, aliados para divulgar os ideais e a filosofia do Círculo.

Esse é o caso do *tattwa* Nirmanakaya, localizado na capital federal — o qual abordamos de modo mais abrangente no Anexo I —, que tinha entre seus filiados a primeira dama da nação, a Sra. Darcy Vargas, e Getúlio como membro honorário. Um de seus eventos tem transmissão ao vivo, pela rádio PRE 81; alguns outros, como o do 11º aniversário do *tattwa*, têm como palco o Teatro Municipal do Rio de Janeiro.

Fruto dessa expansão é a "rádio educadora mental Hei de Vencer" — uma "rádio mental" que não é captada por nenhum tipo de aparelho, mas pela alta frequência mental dos que dela fazem parte. Quanto à máxima "Hei de Vencer", foi criada pelo Prof. Arthur Riedel, antigo membro da Ordem, e depois adotada por esta.

Na revista *O Pensamento* de junho de 1940, além de toda uma explicação de como essa "rádio" opera, é publicado o seguinte alerta:

Os ignorantes terão um riso de escárnio quando lerem isto, porém os que conhecem o poder do pensamento, saberão avaliar a potência que representa essa campanha e não terão dúvida em cooperar nella. Não se trata de propaganda de nenhuma seita ou religião, podendo a este movimento associar-se as pessoas pertencentes a todas as religiões, raças, nacionalidades e classes.

Ass.: Carlos Mário Souza

E para ampliar essa novíssima face das irradiações mentais do Círculo, Antonio Olivio contrata os serviços das rádios PRH 3, Rádio Piratininga de São Paulo, e PRH 8, Rádio Ipanema do Rio de Janeiro, a fim de transmitir mensagens radiofônicas para os membros da Ordem durante toda a semana, inclusive aos domingos, sempre às 18 horas. Essas mensagens vão ao ar a partir de setembro de 1941.

O Círculo Esotérico conta nesse momento com mais de 100 mil filiados e 1.058 *tattwas*. E ele não para de se tornar cada vez mais "multifacetado", com o lançamento, pela Columbia Discos, do *Hino Esotérico* e do *Hino Espiritualista*, gravados pelo corpo coral e pelo grupo orquestral do CECP.

Nessa época, dentre o enorme número de *tattwas* espalhados por todo o Brasil e presentes em várias partes do mundo, muitos deles passam a realizar uma "rede de serviço" para auxiliar pessoas carentes.

Esse tipo de obra sempre existiu de forma latente no seio do CECP, mas sua própria expansão, por meio dos *tattwas*, faz com que seus ideais se tornem mais vivos e mais práticos a cada ano que passa. Com o progresso não só espiritual, mas também material — ensinado por meio das lições do patrono Prentice Mulford —, é possível oferecer escolas, centros de estudos profissionalizantes, distribuição de roupas e alimentos, além de educação moral/espiritual de alto nível para as pessoas necessitadas de todo o Brasil, desde as principais capitais até as mais afastadas vilas ribeirinhas da região amazônica.

* * *

A expansão de ordens esotéricas e espiritualistas não parou mais desde que o pioneiro Antonio Olivio fundou o Círculo Esotérico na primeira e já distante década do século XX.

Voltando um pouco no tempo, vamos falar agora dessas ordens esotéricas que surgiram no Brasil a partir do final da década de 1920.

Um rapaz de apenas 19 anos instituiu em sua residência, em 1929, um grupo de estudos do Círculo Esotérico, do qual era filiado. Seu nome: Lourival Camargo Pereira. Pouco tempo depois, o grupo de estudantes começou a aumentar, portanto foi alugado um imóvel no bairro paulistano de Perdizes, bem próximo do seu local de origem, a Lapa. Com o crescimento a olhos vistos do grupo, ali se estabeleceu o *tattwa* São Paulo, em homenagem a Paulo de Tarso, e não à cidade.

Depois de vários anos no mesmo local, em 1941 ocorre uma nova mudança de endereço, dessa vez para o centro de São Paulo, à Rua 24 de Maio, num imóvel também alugado. Mas essa mudança física causa uma grande reviravolta: o *tattwa* rompe com o Círculo Esotérico e passa a se chamar Fraternidade Rosacruciana São Paulo. Como o CECP possuía um seleto grupo de estudos rosa-cruzes — a já citada Fraternidade Iniciática Filhos da Luz —, concluímos que tal rompimento talvez não tenha ocorrido de forma negativa entre os membros desse *tattwa* e a sede central da Ordem. Apenas que os ideais rosa-cruzes calaram mais fundo na alma de Lourival Camargo Pereira.

A primeira tradução do clássico rosacruciano *Conceito Rosa Cruz do Cosmo* foi feita pelo próprio Lourival, o presidente e instrutor da fraternidade.

Outra "estranha" manifestação rosacruciana no Brasil veio a público no Rio de Janeiro, em outubro de 1930. A Fraternidade Rosa Cruz do Brasil já existia, secretamente, e estava ligada à Ordem Maçônica através de seu 1º grão-mestre, Múcio Teixeira, ou barão Ergonte — este o seu nome iniciático, provavelmente. Mais tarde, o Dr. Magnus Sondahl, 2º grão-mestre e Hierofante rosa-cruz, criou a maçonaria católica e as bases da atual Fraternidade Rosa Cruz do Brasil, que foi realmente instituída pelo 3º grão-mestre, o professor Júlio Guajará Rodrigues Ferreira.

Contando com um vasto programa de valorização do ser humano, essa ordem esotérica visava ajudá-lo no chamado à consciência para, assim, capacitá-lo a uma grandiosa transformação. Ela tem como patronos os mesmos mestres espirituais do Círculo: Prentice Mulford, Swami Vivekananda e Éliphas Lévi. O adjetivo "estranha", usado acima, serviu para pontuar justamente isso. Não há informações se ocorreu apenas uma influência indireta do CECP ou se essa sociedade espiritualista, que seguia o Rito Templário, foi, em sua "primeira infância", um *tattwa*.

Essa não foi apenas mais uma fraternidade rosacruciana a se instalar no Brasil; outras viriam.

Arnold Krumm-Heller fundou a Fraternitas Rosacruciana Antiqua (FRA) em 1927, na Alemanha, após ter recebido iniciações especiais. A FRA era (e ainda é) uma fraternidade rosa-cruz fechada, que guardava segredo de seus ensinamentos, além de manter uma Igreja Gnóstica, que perpetuava a antiga tradição crística do *Pistis Sophia*, a "bíblia" gnóstica.

A Fraternitas Rosacruciana Antiqua chegou ao Brasil junto com a Igreja Gnóstica, em 27 de fevereiro de 1933, na cidade de São Paulo, por intermédio do imigrante italiano Giuseppe Caliostro Cambareri, recebendo grande aceitação da colônia italiana.

Em poucos meses já conseguia manter um pequeno grupo e fundar um ramo da Augusta Fraternidade Branca Rosa Cruz Antiga. Após esses acontecimentos, transferiu-se para a capital federal, Rio de Janeiro. Lá, fundou a FRA, no dia 27 de julho do mesmo ano; o evento realizou-se na residência do Ten. Amaro de Azevedo, na Rua Garibaldi, nº 39.

Em novembro de 1936, o Dr. Krumm-Heller chegou ao Rio de Janeiro e foi recebido por inúmeros adeptos de várias organizações espiritualistas e com uma ótima cobertura da imprensa; hospedou-se na residência do Irmão da Ordem J. Nicolau Tinoco, em Copacabana.

Quanto à Igreja Gnóstica, foi fundada no Brasil em 1935. (E existe até os dias de hoje, localizada à Rua Saboia Lima, nº 77, no bairro da Tijuca. Não tem qualquer ligação com a entidade homônima, fundada por Victor Manuel Goméz Rodriguez, mais conhecido como Samael Aunweor. Rodriguez foi discípulo de Krumm-Heller nos anos 1940, quando conheceu os princípios espirituais que mudariam sua vida nas décadas seguintes.)

* * *

Mais que criar do "nada" a primeira ordem esotérica brasileira, AOR é um iniciado como poucos. Sempre respeitou as diferenças e, na realidade, acha-as imprescindíveis para o progresso material e espiritual da humanidade.

Esse trabalho quixotesco, hercúleo, pioneiro e desinteressado de Antonio Olivio traz uma grande luz espiritual para todo o Brasil e abre a mente de milhares de pessoas a outras possibilidades espirituais. As sementes de seu trabalho começam então a dar os primeiros frutos e abrir caminhos para novas possibilidades de religação com o Alto.

Nesse sentido, o farol do Prédio da Torre é um símbolo: traz em si a ideia de o Círculo Esotérico ser apenas um sinalizador de Luz no caminho dos discípulos. Mas percorrer esse caminho é a tarefa solitária de cada um deles.

Novas transformações aguardam o mundo, o Brasil e o CECP na primeira metade da década de 1940. Importantes transições estão para acontecer a fim de pôr em prática o poder da comunhão do pensamento e dos valores humanos mais íntimos, que transformam o impossível em realidade.

AOR vai então iniciar uma nova etapa, uma nova missão — mais sublime, menos densa e mais difícil do que tudo que enfrentou até esse momento.

CAPÍTULO

VIII

AOR Cumpre a sua Missão —
O Círculo Esotérico e a Família Riedel: Transições
e Transformações — Da "Passagem" de
Antonio Olivio ao Jubileu de Ouro do CECP

Eu sou uma ilimitada corrente de vida que parte diretamente de Deus.
Eu sou filho de Deus e sei que possuo uma grande herança.
—AOR

Estamos em 1942 — o Brasil moderniza-se rapidamente para não perder o trem da História. Getúlio Vargas já não luta pelo poder; não é mais necessário. Sua figura autoritária se perpetua, não mostrando qualquer sinal de cansaço; pelo contrário. A ditadura do Estado Novo — que tem agora como modelo os regimes fascista e nazista — controla todos os meios de comunicação do país, até a revista *O Pensamento*, que é registrada no Departamento de Imprensa e Propaganda (DIP) em 7 de maio de 1941.

"Dirigido pelo jornalista Lorival Floreo e diretamente subordinado à Presidência da República, o DIP surgiu para 'centralizar, coordenar, orientar e superintender a propaganda nacional interna e externa [...], fazer censura do teatro, do cinema, das funções recreativas e esportivas [...], da radiodifusão, da literatura [...] e da imprensa'. Com suas cartilhas para crianças, seus 'jornais nacionais' (de exibição obrigatória em todos os cinemas); com a 'Hora do Brasil' (programa radiofônico que o povo apelidou de 'O Fala Sozinho'), com seus cartazes, o DIP se encarregou de divulgar a imagem e a ideologia de Vargas em todas as instâncias da vida nacional; imitando a tática nazista de Joseph Goebbels. Por outro lado, o DIP censurava furiosamente todas as manifestações artísticas que pudessem, ainda que, de leve, contrariar o regime. Em março de 1940, numa de suas investidas mais ousadas e infames, o DIP decretou intervenção no jornal *O Estado de São Paulo*, que teve sua direção destituída e ficou sob o controle do governo até 1945 [...]" (Bueno, 2002, p. 336).

Nessa época, o governo de Getúlio Vargas preteriu a ajuda financeira da Alemanha nazista para alavancar a siderurgia nacional, aceitando o acordo com o governo norte-americano para que, em troca de um empréstimo para construir a Siderúrgica de Volta Redonda, os *yankees* construíssem uma base aérea em Natal. Desse modo, o Brasil entra na linha de fogo das forças armadas de Hitler.

Apenas entre os meses de fevereiro e julho de 1942, catorze navios são afundados por torpedos lançados por submarinos nazistas. Mas em 15 de agosto ocorre o primeiro ataque em águas territoriais brasileiras — o submarino U-507 afunda o Boapendi, matando todos os seus 270 tripulantes.

Nos dias que se seguem a esse trágico incidente, mais quatro navios brasileiros vão a pique, abatidos pelo mesmo submarino; todos na costa entre os estados de Sergipe e Bahia. Dessa vez, nem mesmo os simpatizantes do regime nazista dentro do governo conseguem controlar a comoção nacional e as passeatas que pedem a declaração de guerra à Alemanha.

Em 31 de agosto, Getúlio cede às pressões e o Brasil declara guerra à Alemanha, passando a lutar ao lado das forças aliadas.

* * *

Mas o mês de agosto de 1943 torna-se tão triste para os membros do CECP como havia sido o de 1942 para todos os brasileiros — Antonio Olivio Rodrigues, após 34 longos anos de consagração à ordem fundadora do esoterismo no Brasil, faz sua passagem para os planos espirituais no dia 24.

AOR já estava enfermo. Na tradicional Sessão Magna do dia 27 de junho desse ano — dirigida pelo Presidente do Supremo Conselho, Bráulio Prego, e publicada na íntegra, com o título de "Sessão Solene" —, foi feita uma grande homenagem e também uma forte irradiação mental para Antonio Olivio, que estava hospitalizado. Além das lindas palavras proferidas por sua neta Daisy Lopes Ferraz, entre outros, a "Sessão Solene" contou com a presença de Diaulas Riedel, um fervoroso seguidor das palavras de AOR, um estudioso de teosofia, filho do professor Arthur Riedel e casado com Daisy. Diaulas sempre teve um imenso apreço pela pessoa de Antonio Olivio, além de um enorme respeito por ele como Venerável Irmão Maior Presidente Delegado Geral da Ordem. Seu discurso/apelo, publicado na revista *O Pensamento* de agosto de 1942, mostra por si só seu apreço por AOR, como podemos ver pelos fragmentos a seguir:

> [...] *mais ainda que ao Círculo, tributamos nossa homenagem sincera, pois que desinteressada, e resultante unicamente do desejo que temos de manifestar a nossa gratidão imorredoura ao seu inesquecível fundador, Antonio Olivio Rodrigues.*

Não iremos hoje, mais uma vez, somente agraciá-lo com mais ou menos lisonjeiros e merecidos elogios, de exaltar as suas qualidades por ter sido a inspiração de criar este templo espiritualista. Trata-se, meus irmãos, mais do que nunca antes o fôra, de lhe prestarmos uma justa homenagem e de lhe dedicarmos, todos, momentos de nossa concentração.

Esqueçamos esta noite os nossos pequenos problemas e dirijamos os nossos pensamentos a Deus Onipotente, para que Ele nos conceda a mercê de poder o nosso Irmão Maior A. O. Rodrigues ver-se livre da pertinaz enfermidade que o traz preso ao leito e que o força a estar afastado de nós, mesmo neste momento tão especial e caro, tanto para ele quanto para todos nós. Como retribuição pelo muito do que ele fez à Humanidade em geral e à causa em particular, é bem pouco o que pedimos.

Aqueles que sinceramente o estimem, a todos os que, mesmo sem o conhecerem, souberem reconhecer a grandiosidade do seu trabalho espiritual, sendo o maior do gênero no Brasil e conhecido quase que no mundo inteiro, que elevem, então, o mais puro de seus pensamentos, fazendo uma prece pela saúde e bem-estar de AOR.

Porém, temos a fé e a certeza de que nenhum dentre vós deixará de fazê-lo, não só pelas razões que já apresentamos, mais ainda pela mais forte de todas elas: vós sois espiritualistas.

E espiritualismo é sinônimo de fraternidade, de amor, de caridade [...]

Palavras tão sublimes como as de Diaulas Riedel, só mesmo as do último "discurso" do próprio AOR, que foi lido nessa "Sessão Solene". Vejamos uma de suas mais tocantes passagens:

[...] Não obstante estar longe de vós, sinto-me convosco em espírito, ante esse adorado altar de Harmonia, Amor, Verdade e Justiça, em torno do qual nossas almas entoem seus cânticos suaves que sobem para Deus, dentro de um mesmo ritmo, sintonizados com o Amor Divino.

É com toda a ternura de minha alma, que eu me congratulo convosco pela data de hoje, agradecendo a vossa bondosa colaboração e a vossa honrosa solidariedade, pedindo ao Pai Celestial e aos nossos Veneráveis Mestres que sobre todos nós estendam seus braços protetores, para que os laços que nos ligam não se dissolvam nunca, a-fim-de que seja grande a nossa glória e poderosa a nossa força [...]

Como todo verdadeiro Iniciado, Antonio Olivio Rodrigues sabia que sua missão estava cumprida. Cabia agora à grandeza da instituição espiritualista que havia fundado há 34 anos seguir, ampliar e, acima de tudo, perpetuar o seu legado profético de existência secular, que havia previsto quando fez o mapa astral do primeiro templo ocultista do Brasil, o prédio da Biblioteca do Círculo na Rua Rodrigo Silva,

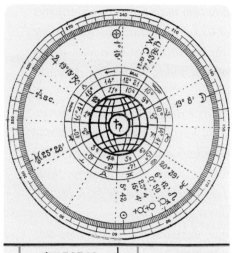

Mapa astrológico feito por AOR

Antonio Olivio Rodrigues, retratado em bico de pena

nºs 167 e 171 (hoje de nºs 85 e 87), onde se encontra instalada a Livraria do Círculo. Nas palavras de AOR, podemos perceber o que estava predestinado para a Ordem após a sua partida:

O Círculo Esotérico da Communhão do Pensamento terá uma existência secular, pela fixidez dos seus ângulos. Sua philosophia será extraordinária e sua organização scientífica, espiritualizada e original, obtendo muito apoio de ambos os sexos e das classes elevada e mediana [...]

Antonio Olivio trouxe para o Brasil uma perspectiva inédita sobre a filosofia espiritualista que, até o seu falecimento, tocou a vida de milhares de pessoas em todo o país e no exterior. Seu trabalho pioneiro e idealista recebeu a augusta ajuda de inúmeros maçons, rosa-cruzes, políticos, militares, escritores, comerciantes de papel, etc. porque, quando ideias e ideais puros, altruístas e nobres surgem de maneira sincera no coração do buscador, uma abençoada e próspera torrente de luz se verte para que a Grande Obra seja cumprida — assim como ocorreu com AOR e o Círculo Esotérico.

A Ordem precisa agora seguir em frente, sem o seu Venerável Irmão Maior. Mas, com o tempo, novas e transformadoras mentes vão levar em frente a Luz espiritualista que pautou a vida de Antonio Olivio.

A memorável homenagem publicada na revista *O Pensamento* do mês de outubro, com o título de "Antonio Olivio Rodrigues" é reproduzida a seguir, na íntegra,

Revista *O Pensamento*, de outubro de 1943, onde consta a homenagem a Antonio Olivio

pois contém a síntese do trabalho do jardineiro que se tornou livreiro, para depois se transformar em jardineiro de almas, cultivando a luz que há dentro de cada ser humano a fim de torná-lo a Luz em pessoa e assim iluminar todo o mundo à sua volta e dissolver as trevas da ignorância e da obscuridade.

Antonio Olivio Rodrigues

Perda irreparável sofreu o Círculo Esotérico da Comunhão do Pensamento, com o desenlace do imortal fundador da nossa amada Ordem, ocorrido aos 24 de Agosto passado.

Se, no plano material, o nosso coração protesta com um soluço o desaparecimento daquele que os olhos materiais não mais verão, resta-nos, todavia, o consolo de que o espírito é imortal e que a morte nada mais representa do que uma simples transição, uma mudança de vibração e de plano, onde a alma, alegre e feliz, desembaraçada dos entraves da matéria, vislumbra novos horizontes, assume novas formas e, compreendendo mais a excelsa bondade do Pai Invisível, entoa cânticos divinos, rendendo graças ao Criador, por poder de novo abraçar os que julgava mortos e exclama, num transporte de alegria: A morte é a Vida!

Outras não terão sido as palavras daquele que ora lembramos, num mixto de admiração e de dor. A admiração dos que tiveram a ventura de conhecê-lo, sagra a preeminencia do seu espírito predestinado e a firmeza de caráter que o levou a vencer todas as dificuldades, no desempenho de sua grandiosa missão.

Identificado com a maravilhosa obra que fundou, como foi grande na variedade do seu trabalho! Como dava a impressão de que dentro de si mesmo muitos homens laboravam para a gloria do Círculo Esotérico e a imortalidade do seu nome!

Milhares dos que choram a perda irreparável de nosso Irmão Maior foram espectadores de suas vitórias, companheiros de suas batalhas, irmãos de seus ideais e fieis testemunhos de seu incansável labor em prol da Harmonia, do Amor, da Verdade e da Justiça.

A vida de AOR se revela na majestade do Círculo Esotérico, onde seu nome jamais será olvidado, pois em cada coluna dos templos que se multiplicam, esplende em ouro a concretização dos ideais que almejou.

Em todos os detalhes da obra que fundou, está presente a luz que maravilhou naquela mente incansável, cintilando em paineis assombrosos, inflamando corações com aquele grande entusiasmo comunicativo, que jamais se extinguiu em seu grande coração.

Dos seus lábios, sempre se fazia ouvir o salutar conselho, solucionador de todos os problemas; a sua pena, sempre apurada na disseminação da doutrina que tanto amou, jamais deixou de traçar, em linhas simples e decididas, o triunfo da Verdade!

O insuperável luzeiro do Esoterismo no Brasil, através de todas as incertezas da jornada, no foro das ingratidões que semearam de cinzas a sua gloriosa estrada, eivada de sacrifícios e de lutas dramáticas, jamais fraquejou em sua grande Fé, dando formoso exemplo aos que de perto o seguiram, que a gana das recompensas jamais encontrou asilo em seu coração.

Contra a rocha serena de sua Fé inabalável, rebentaram, vencidos, vagalhões de ódio, encrespados contra o culto da Fraternidade. A arrancada feroz desses vagalhões, que assediaram aquele grande gênio, mais serviu para forjar em seu espírito novas energias com que havia de sustentar, até o seu desenlace, o lema que foi o fanal de sua vida: "Tudo pelo Círculo Esotérico!"

A luz que irradiava de sua personalidade modesta e sincera acendia nas almas estranhos revérberos, qual um sol glorioso transformando em diamante as cristalinas gotas de orvalho. Antonio Olivio Rodrigues sempre foi decidido e forte diante da in-

justiça, sereno e confiante em face da diversidade, bondoso e compassivo com seus amigos e adversários [...]

As suas palavras, ora inflamadas, ora revestidas de estranha suavidade, despertavam em seus adversários sublimes inspirações, levando-os a fraternizar-se em a própria doutrina que combatiam. E que o saudoso fundador da nossa Ordem, jamais insensível aos gemidos de amargura da humanidade e, por ela, semeou em todos os recantos da nossa cara Pátria e em várias regiões d'além-mar as doutrinas esotéricas, sempre esquecido de si mesmo, para só lembrar da salvação de seus irmãos.

A nós, todos os esoteristas, que seguimos as pegadas dessa grande alma benfeitora, cumpre velar pela grande obra erguida neste plano e seguir atentos a coluna luminosa de seu exemplo. Antonio Olivio Rodrigues vive no coração de todos os espiritualistas, porque se é verdade que a Transformação pulverizou o instrumento material daquele gênio, também é certo que o seu espírito continua intangível, refulgindo no Éter como símbolo glorioso e tutelar da nossa Fraternidade, sobre todos enviando suas bênçãos, através da onda luminosa das constelações. Seu espírito evolado paira sobre todos, vigilante e carinhoso, muito embora incansável em novos e gloriosos empreendimentos no Plano Astral.

Quando estremecemos abalados com a notícia do término de sua missão neste planeta, tivemos a impressão de havermos contemplado, emocionados, a longa e luminosa carreira de uma estrela cadente, que se perdeu no seio do infinito, deixando na retina do nosso espírito a indelével lembrança de sua glória. Como descrever a sua vida sempre triunfante e glorificá-lo devidamente, não por vaidade nossa, mas para que sirva de exemplo sólido, aos que creem no poder do pensamento e na força da vontade, devotados ao bem gera?

Ao criar em 1909, a Comunhão do Pensamento, AOR lançou no Éter uma vigorosa e sincera vibração pessoal de Harmonia, Amor, Verdade e Justiça, e esse luminoso filete mental, que mais tarde se tornaria esta poderosa corrente de mais de cem mil pensamentos vibrantes em comunhão, foi que, por certo, qual o rio que nasce da fonte humilde e cristalina, vencendo obstáculos, deslisando em fios, extravasando majestoso, avolumando-se mais e mais, assume a gloriosa copiosidade de um Amazonas, domina florestas, fertiliza campinas, encanta cidades e abraça triunfante a majestosa amplidão oceânica.

Quantos benefícios prestou aquele luminoso filete mental que, em assomo cristalino, partiu do cérebro de AOR? Quantos espíritos irrequietos, ante os mistérios das forças ocultas, quantos corações desesperados, quantos lábios ressequidos sorveram avidamente suas águas maravilhosas? Narsisando-se ao espelho de suas águas tranquilas, quantos pensadores resolveram o problema do "Nosce te ipsum"?

Abeberando-se em estudos ocultos, AOR, desde logo, concebeu e realizou os maiores planos para o desenvolvimento do Círculo Esotérico, fazendo com que esta corrente mental transbordasse destes sítios predestinados, fazendo-a conhecida pelo mundo *todo, como um rio generoso, que alegra e embeleza, em todos infiltrando os seus fluidos salutares, originados das mais puras fontes.*

Foi esta vida longa e preciosa que se extinguiu no plano material; é ainda a mesma vida que prossegue gloriosa nos planos invisíveis, irradiando novas e mais amplas concepções em benefício da humanidade, em seu incessante vibrar pela glória a Deus nas Alturas e Paz na terra aos homens de boa vontade!

Tudo que realizou no decorrer de sua vida admirável permanece como que depositado no imenso leito desta corrente maravilhosa e serena, no fundo da qual as gerações do futuro saberão buscar com mais facilidade os inestimáveis tesouros para elas reservados, dentre os quais o maior será o da Fraternidade Universal.

A tona deste rio sacrossanto, já se colhem os lírios de amor, que flutuam tranquilos, levando em suas corolas imaculadas a mensagem evangélica das doutrinas esotéricas; seu equilíbrio, a justiça e seu espelhar sereno nos revela a verdade.

Antonio Olivio Rodrigues não desaparece porque continua vivendo em suas obras, seus discursos, suas conferências, manancial inesgotável de eterna corrente, ao qual se dirigirão as gerações presentes e futuras para beberem em sua linfa cristalina as doutrinas e os conselhos e receberem a inspiração que o seu prodigioso gênio derramou em sua longa e proveitosa passagem por este planeta.

Imortalizado no coração dos que o conheceram pessoalmente ou através de suas obras, terá o seu busto de bronze exornado com as sempre vivas da gratidão e da admiração dos seus adeptos.

O desenlace de Antonio Olivio Rodrigues que, em prol do Esoterismo, sempre batalhou com armas nobres, concretizando em esplêndidas realizações as aspirações de todos os adeptos desta doutrina sublime, cuja disseminação se ampliou extraordinariamente, através das suas orações fulgurantes e entusiastas, oriundas de um cérebro que ardia imperecível o lume da honradez, da dedicação e do trabalho, feriu fundo o coração de milhares e milhares de irmãos.

Nas páginas indeléveis da história do Esoterismo no Brasil, os séculos futuros hão de apreciar devidamente a vida pregressa e impoluta desse grande Irmão, cuja a alma agora se eleva aos píncaros da glória, às inacessíveis regiões onde o saber prodigiosamente se amplia e onde, aureolados de bênçãos, descansam em paz os verdadeiros benfeitores da humanidade!

Recordando o discurso de um esoterista, à beira do túmulo de Papus, em 1918, diremos também: Antonio Olivio Rodrigues morreu... Viva Antonio Olivio Rodrigues!

Em sessão extraordinária do dia 29 de setembro de 1943, diante do Supremo Conselho do CECP, o médico José Lopes Ferraz, membro do Círculo desde 1919 e genro de AOR, assume o cargo de Del∴ G∴ do Círculo Esotérico da Comunhão do Pensamento. Versado nas artes da filosofia esotérica e espiritualista, parece ser a pessoa mais indicada para assumir tal responsabilidade. A missão de AOR é agora continuada nos planos invisíveis: une-se aos patronos da Ordem no mundo espiritual e se torna, para os que aqui ficaram, o quarto patrono — o Patrono Fundador —, um título assim alçado depois de um ano de seu passamento físico.

Com o número de filiações já quase alcançando 130 mil e os *tattwas*, os centros de irradiação mental, chegando ao magnífico número de 1.164, pode-se dizer que o Círculo cresce de forma exponencial — são 10 mil novas filiações a cada ano. O opúsculo que divulga os ideais da Ordem, *A Chave da Felicidade*, é largamente distribuído pelos filiados para, dessa forma, passarem adiante o que aprenderam no Círculo.

Nessa época, José Lopes Ferraz é deputado federal, portanto, quando está fora de São Paulo, o seu substituto/procurador, que assume as funções de delegado geral do Círculo, é a figura de seu genro Diaulas Riedel, casado com sua filha Daisy.

Medalhões em homenagem aos patronos do CECP, com AOR ocupando agora o lugar de Patrono Fundador da Ordem

Diaulas, com apenas 24 anos, é um homem de negócios e um empreendedor nato, com um raro talento. Iniciou sua carreira na Cia Santista de Papel, tornando-se gerente em curto espaço de tempo. Após alguns anos, pediu demissão e passou a ser sócio-proprietário da empresa Correia Dias Papel e Papelaria Ltda. A Correia Dias havia sido fundada por seu pai, Arthur Riedel, em 1926, juntamente com outros três sócios.

Pouco antes de falecer, Antonio Olivio teve uma conversa com seu genro, José Lopes Ferraz, sobre a continuidade de suas empresas; queria saber se havia a possibilidade de o genro assumir a direção não só da editora como do Círculo. José Lopes Ferraz não aceita e Antonio Olivio decide que, se não houvesse alguém de sua inteira confiança para dar continuidade ao projeto, venderia a editora.

Diaulas Riedel

Mas quando AOR pergunta ao marido de sua neta Daisy, Diaulas Riedel, sobre o interesse dele em assumir a editora e tornar-se procurador geral, tem a agradável surpresa de receber como resposta um grande "sim". Diaulas aceita ser o continuador do projeto ao qual AOR dedicou tão fervorosamente a sua vida.

Seguindo a intuição do sogro, ainda em 1943, José Lopes Ferraz passa os cargos de administrador do Círculo Esotérico da Comunhão do Pensamento e da Emp. Typ. Ed. "O Pensamento" para as mãos de Diaulas.

* * *

Quase um ano depois de assumir suas tarefas na editora e no Círculo, Diaulas enfrenta um grande problema. Um incêndio consome grande parte do terceiro andar do Prédio da Torre, onde está instalado o Hospital Municipal Pasteur de Pronto Socorro.

Por descuido dos funcionários do hospital, um aparelho de raios-X é esquecido ligado e torna-se a causa do sinistro. Após a incidente, a prefeitura transfere as instalações do hospital para a Rua São Paulo, bem próxima ao endereço original, à Praça Almeida Júnior, no bairro da Liberdade.

A recuperação do Prédio da Torre é lenta por causa de um processo instaurado contra a prefeitura, que se recusa a ressarcir os danos causados pelos descuidados funcionários do hospital. Com as instalações elétricas quase que totalmente danificadas, as reuniões do Círculo começam a ocorrer no prédio da biblioteca, à Rua Rodrigo Silva, nos 167 e 171, que também abriga a livraria no térreo.

Miraculosamente, as outras dependências do Prédio da Torre, como o Salão Nobre do Círculo e as instalações da gráfica, não sofrem quaisquer danos.

Com a administração de Diaulas, muitas coisas começam a mudar. Ele moderniza completamente o projeto gráfico da revista *O Pensamento*, deixando-a mais enxuta, com um formato menor. Mantém o conteúdo tradicional, mas conta agora com a participação de novos colaboradores.

Ao perceber como as administrações do Círculo, da editora, da livraria e das oficinas gráficas estão misturadas, sendo praticamente uma mesma coisa, Diaulas decide que é hora de modernizar e colocar a casa em ordem, deixando-a mais prática e mais simples de administrar. Mas não pode fazer esse trabalho sozinho. Assim, quando consulta seu sócio na Correia Dias, Jitomir, sobre alguém que esteja apto para uma tarefa de tal envergadura, Jito (como o sócio gostava de ser chamado) indica o amigo Leandro Meloni como o novo contador da editora e também para organizar as finanças do Círculo.

Desde então, Leandro se torna o braço direito de Diaulas. (E permaneceu ligado à editora por 61 anos. Só se afastou do Círculo depois de Diaulas deixar o cargo de delegado geral em 1985; ocasião em que também deixou o seu posto de secretário geral da Ordem em favor de Valdir Poveda Caldas, o então gerente administrativo da Editora Pensamento-Cultrix.)

Após um ano e meio de intenso trabalho, e com a reforma do Prédio da Torre concluída, Diaulas transfere para ele as instalações da revista e da editora, ocupando-o agora juntamente com a gráfica e o Salão Nobre. Deixa em definitivo o antigo e pequeno prédio da Rua Rodrigo Silva, nº 40.

Agora, na casa nova e com as contabilidades separadas, a editora pode ampliar a sua vocação pioneira em muitas outras áreas do conhecimento, no entanto sem deixar de cumprir a sua missão de servir aos ideais filosófico-espiritualistas do Círculo Esotérico.

* * *

No dia 9 de maio de 1945, os membros do CECP sofrem outro duro golpe. Lourenço Prado, autor do maior *best-seller* espiritualista da Editora O Pensamento, *Alegria e Triunfo*, morre em São Paulo. Filiou-se ao Círculo em 1910, tornando-se sócio fundador aos 17 anos. Nascido em Jaú, no estado de São Paulo, em 8 de abril de 1893, ele tinha uma calma e um dom extraordinário para ouvir as pessoas.

Profundo conhecedor de assuntos esotéricos e ocultistas, Lourenço conseguia revelar conhecimentos herméticos em forma de simples parábolas. Com seu próprio nome, deixou uma infinidade de obras espiritualistas. Com o pseudônimo de Rosabis Camaysar — tirado do livro *Nuctemeron*, de Apolonio de Thyana —, deixou uma grande quantidade de livros e de artigos, assim como de traduções de obras esotéricas de alto valor, como a primeira tradução brasileira do clássico *Dogma e Ritual de Alta Magia*, de Éliphas Lévi, lançado pela Pensamento em 1917.

Também outras mudanças estão para ocorrer no Círculo Esotérico nos anos seguintes, acompanhando as transformações que ocorriam no Brasil e no mundo.

Com a derrota das nações do Eixo — e o sucesso da FEB na guerra —, em 2 de setembro de 1945 é declarado oficialmente o fim da Segunda Guerra Mundial, havendo uma grande manifestação na Praça da Sé, em São Paulo, onde compareceram mais de 200 mil pessoas.

No final desse ano, é a vez de Getúlio e da política ditatorial do Estado Novo terem o seu fim. Depois de permanecer no poder durante 15 anos, ele é deposto por um movimento militar liderado pelos generais Góis Monteiro e Eurico

Lourenço Prado

AMIGO!

LÊ, PORQUE

DESEJO

O TEU

TRIUNFO!

TUDO te será dado, se souberes *imaginar* com clareza e constancia aquilo que desejas. Se não obtens o que pedes é porque *não sabes pedir* e nem sabes o que pedes. Aprende a cultivar uma *imaginação positiva*, para beneficio teu e de todas as criaturas. Grava em tua memoria que a imaginação é uma força poderosa!

RUINAS, fracassos, enfermidades e humilhações que te aborrecem foram *atraidos por teus pensamentos negativos*. Procura descobrir o lado bom de todas as coisas, em ti e em teus proprios inimigos! Segue avante!

IRMÃO! O temor, o odio, a vaidade, o orgulho, a inveja, o egoismo e a luxuria, *são pensamentos negativos*, culpados da tua derrota. Sê digno de ti mesmo e repele-os para sempre, a-fim-de venceres na vida.

UMA mente positiva só irradia Amor, confiança, paz, segurança, saúde, tolerancia, caridade, agrado, serenidade e abundancia. Só isto vence na vida. Aprende a ser positivo e a felicidade virá ao teu encontro.

NUNCA faças a outrem o que não desejas a ti proprio, porque, se é verdade que podes pensar positiva e negativamente, tambem é certo que o que desejares ao teu próximo *receberás em dobro!*

FORMASTE no passado *imagens negativas*, que se materializaram e agora te perseguem. Pois bem, a arte de destrui-las está em cultivares unicamente bons pensamentos. Experimenta e verás!

OS pensamentos bons modificam a tua saúde, o teu ambiente e a tua vida. Se queres melhorar de sorte, melhora tambem os teus pensamentos, pensando unicamente no Bem!

Para distribuição aos seus amigos e conhecidos, a Seção de Propaganda do Círculo Esotérico da Comunhão do Pensamento enviará gratuitamente exemplares dos dizeres acima, a quem os solicitar, pessoalmente ou por carta, à RUA RODRIGO SILVA, 169-171 — SÃO PAULO (BRASIL).

Panfleto de divulgação das ideias
de Lourenço Prado

Gaspar Dutra, que se tornaria sucessor de Vargas.

"Entre humilhado e conciliador, o presidente declara à nação que renunciara ao cargo por vontade própria — e sai do Catete sem ser exilado e sem perder os direitos políticos. As eleições de dezembro se realizam sob sua vasta sombra, e o Gal. Dutra — do PSD —, apoiado por Vargas e pelo PTB, vence com certa facilidade a UDN de Eduardo Gomes: dos 6 milhões de votos (13,4% da população), 3,25 milhões são para Dutra. Em setembro de 1946, uma nova Constituição é promulgada. Pelos 18 anos seguintes, o Brasil voltará a conviver com a democracia" (Bueno, 2002, p. 345).

No seu 37º ano, em 1946, o CECP conta com 143.700 filiados e mais 39 *tattwas* que, somados aos anteriores, perfazem agora 1.226 células do Círculo Esotérico, propagando os seus ideais filosóficos e práticos para acabar com as indolências físicas e morais.

A Ordem continua a se expandir e conta com um jovem delegado geral de apenas 26 anos, que, apesar da pouca idade, tem o mesmo fervor, a mesma busca e a mesma idade de AOR quando o Patrono Fundador do Círculo iniciou o seu caminhar espiritualista no longínquo ano de 1905.

Por aclamação, ou seja, por unanimidade, Diaulas é eleito pelo Supremo Conselho, presidido pelo Dr. I. A. Bruno, para o cargo que era ocupado materialmente por José Lopes Ferraz, mas já em espírito por Diaulas, que, como sabemos, sempre substituía o sogro desde que este assumiu o cargo deixado por AOR. A eleição se dá por conta do falecimento do Dr. José Lopes Ferraz no dia 1º de setembro de 1946.

Assim noticiou a revista *O Pensamento* do mês de outubro:

[...] Tendo por norma: HEI DE VENCER, o ilustre confrade não mede sacrifícios para remover obstáculos que se oponham à boa marcha do Círculo Esotérico e, inimigo de hesitações e obscuridades, trabalha com decisão e fé para colimar seus objetivos. [...]

[...] Frutos optimos já temos colhido do novo sistema de propaganda dos nossos ideais, no Brasil e no exterior; inteligentemente organizado pelo nosso atual Delegado Geral, que vem demonstrando também a máxima boa vontade no desenvolvimento do programa organizado pelos seus venerandos sucessores.

Obediente aos imperativos do seu temperamento empreendedor, dotado de largo tino administrativo, o Sr. D. Riedel levou a cabo excelentes reformas, com muito gôsto apreciadas pelo Supremo Conselho, que sempre viu no nobre Irmão, um dedicado paladino da nossa Ordem.

Assim, pois, está de parabéns o Supremo Conselho do Círculo Esotérico, por ter feito a acertada escolha do nome do Sr. D. Riedel para o cargo de Delegado Geral.

Felicitando o distinto confrade pela sua eleição e fazendo votos para que as Fôrças Brancas o inspirem sempre no Caminho do Bem e do Progresso, tornamos nossas as palavras de Van der Naillen (Nos Templos do Himalaia): "[...] e se o teu servo deve ser instrumento para a difusão das Santas Verdades no mundo, então, ó Pai Celestial, assiste-lhe no encargo sagrado e dai-lhe fôrças de jamais cair."

Diaulas torna-se cada vez mais inovador e passa a publicar na revista *O Pensamento* artigos de Afonso Schmidt e Érico Veríssimo, entre outros grandes nomes da literatura brasileira, mas sempre versando sobre as ideias morais, filosóficas e espirituais da Ordem. Cria um novo selo editorial, de nome Cultrix, para abrigar os títulos de obras que não se encaixam no catálogo da editora-mãe. O nome "Cultrix" surge de uma conversa entre Diaulas e o poeta José Paulo Paes. É um nome mais forte que Edições Edipe, que traz o nome da gráfica na capa dos livros.

Ajuda a fundar a Câmara Brasileira do Livro (CBL), aumenta a tiragem da revista *O Pensamento* e do almanaque, no qual vai encartado o catálogo da editora e os títulos de outras editoras que eram comercializados pela Livraria O Pensamento.

Para divulgar ainda mais os ideais do Círculo e da editora, Diaulas começa a participar das primeiras feiras do livro em São Paulo, que acontecem na Praça da República, no Anhangabaú e no Automóvel Clube, entre os anos de 1951 e 1952.

Reunião preparatória da Fundação da Câmara Brasileira do Livro

* * *

"O PENSAMENTO" EM EVOLUÇÃO

I Encontro de editores e livreiros do Brasil

Em agosto de 1952, no dia 14, às 21h20 — como noticia a revista *O Pensamento* —, dá-se a passagem de Arthur Riedel, antigo membro da Ordem e pai de Diaulas, mas também conhecido como "o professor". Nessa época é muito usada a máxima desse grande artífice do pensamento positivo: "Hei de Vencer", transformada na quinta divisa da Ordem, aliada às outras quatro: Harmonia, Amor, Verdade e Justiça.

Arthur nasceu na capital paulista em 27 de maio de 1888. Era filho do professor Alexandre Riedel, que foi diretor-geral da antiga Secretaria do Interior do Estado de São Paulo por cerca de 20 anos.

Arthur Riedel, em foto clássica do autor de HEI DE VENCER

Desde a infância, Arthur era dedicado em seus estudos escolares, que culminou em sua formatura como professor normalista. Lecionou por vários anos em diversas localidades do interior de São Paulo e foi diretor de um grupo escolar na cidade de São Carlos, onde se dedicou também a um grupo de escotismo, que teve muito boa repercussão na região.

Deixou o magistério e, a partir de 1926, passou a trabalhar em uma empresa de comércio de papel (a já citada Correia Dias Papel e Papelaria Ltda.), mas não esqueceu seu dom de educador.

Durante muitos anos manteve em sua casa uma Escola da Vida, que reunia amigos e simpatizantes de suas ideias; desse modo pôde ajudar moral e es-

Quadro do Círculo Esotérico da época em que adotou a máxima HEI DE VENCER

piritualmente centenas de pessoas. Foi então que o lema criado pelo professor Arthur começou a ser usado pelo Círculo Esotérico, do qual foi vice-presidente do Supremo Conselho.

Após tantas partidas como esta, transformações e inovações no CECP, o Brasil ganha um presidente que seria tão arrojado e inovador quanto o jovem Diaulas Riedel, o Presidente Delegado Geral da Ordem.

* * *

Com a posse de Juscelino Kubitschek em 1956, o Brasil entra em um novo surto de desenvolvimento cultural e industrial. A televisão começa a se tornar extremamente popular e, em 1956 — com mais de 400 mil aparelhos vendidos e com as pesquisas de mercado e o IBOPE —, começa a ocorrer um mapeamento sobre o que vender ao telespectador.

Com a sua famosa promessa-*slogan* "50 anos em 5", o desenvolvimentismo se instala no Brasil. Impulsionado pela ajuda financeira dos norte-americanos — que têm em mente "tutelar o desenvolvimento" de países sul-americanos para que não haja mais revoluções como a de Cuba —, o Plano de Metas e a construção da Novacap fazem o país inteiro entrar de vez na modernidade.

Como o ensino superior se consolida mais a cada ano e cresce sobretudo nos grandes centros, Diaulas vê em todo esse desenvolvimentismo a chance de criar algo inédito no Brasil: uma editora universitária que atenda também ao público popular, mas que não despreze o livro paradidático, a filosofia oriental e os temas a ela relacionados.

Nasce então, em 1956, a Editora Cultrix, que se torna independente de seu selo original, a tímida Edições Cultrix. Diaulas reserva para a sua marca mais antiga, a Editora Pensamento, o lançamento de obras exclusivas para o público do Círculo e para os espiritualistas de forma geral, como as obras de teosofia, por exemplo.

Capa da primeira edição de *Hei de Vencer* (1952), coberta com a raríssima sobrecapa

* * *

E falando em teosofia, nessa época a irmã de Arthur Riedel, Cinira Riedel de Figueiredo, e seu marido, Joaquim Gervásio de Figueiredo, que também era maçom, tornam-se membros do Supremo Conselho, trazendo para o Círculo Esotérico um conhecimento sobre teosofia ainda mais abrangente do que o anterior.

Cinira também tem uma coluna permanente na revista *O Pensamento*, chamada "Hei de Vencer", em homenagem ao irmão. O nome Arthur Riedel agora está perpetuado fora do Círculo Esotérico.

De modo natural e sem compromissos com o formalismo, as palestras de Arthur Riedel, pai de Diaulas, vinham conquistando muitos admiradores há algum tempo.

Arthur é avesso a publicar suas ideias em forma de livro, mas sem ele saber, Diaulas encontra um meio de divulgar melhor as palestras superlotadas de seu pai: contrata uma pessoa para taquigrafá-las e, assim, em 1952, já há uma série pronta para formar um futuro livro.

Hei de Vencer é então lançado. (O livro já vendeu 200 mil exemplares, em 32 edições; se fosse lançado hoje, essa vendagem já seria considerada um marco para obras de autoajuda. O trabalho de Arthur ocupa o mesmo patamar do mentalismo de Prentice Mulford, Wilkinson e Peale, e, o que também é importante, o livro continua agradando até os dias de hoje.)

Hei de Vencer está repleto de parábolas pitorescas, mas com alto nível de conhecimento espiritual, como a história das duas rãzinhas:

Uma ocasião, duas rãs caíram em duas vasilhas de leite. Uma era da escola HEI DE VENCER, da energia, da vontade e da perseverança.

A outra era uma rã que aceitava o destino pelo destino, porque estava escrito no Maktub dos árabes.

A rã do HEI DE VENCER começou a nadar e a dizer "hei de vencer". Eu hei de vencer; a outra rã rezava e dizia: "Seja feita a vontade de Deus".

A primeira batia os pés, fazia força, e a segunda dizia: "Minha irmã, por que essa força? Não adianta cansar-se, daí você não sai mesmo". A rã perseverante respondeu: "Saio sim, o Prof. Riedel diz que devemos vencer; portanto, 'hei de vencer'". No

fim, aconteceu uma coisa que ninguém esperava: de tanto bater os pés, o leite virou manteiga.

Então ela firmou o pé, pulou fora e disse: "Eu hei de vencer". A outra continuou no seu fatalismo e morreu.

Com conteúdo para constar em qualquer bom livro de autoajuda moderno, essa história mostra-nos que, com perseverança e força, sempre vale a pena aventurar-se pelo desconhecido; ou mesmo quando a certeza de uma resposta óbvia nos faz desistir, devemos sempre dizer: Hei de Vencer!

Esse lema surgiu na mente de Arthur em sua mocidade, quando certa vez ele passava por uma grave crise que "ameaçava esmagá-lo", crise tão aguda que ele chegou mesmo a pensar em suicídio. Num momento em que ideias horríveis rodeavam sua mente, Arthur sentiu um trovejar silencioso dentro de si e, a partir de então, um pensamento constante passou a acompanhá-lo — "HEI DE VENCER, não sei quando nem como, mas HEI DE VENCER".

Viu-se, assim, como que iluminado por uma poderosa e irreversível esperança de triunfo e vitória. Conseguiu recobrar as forças e, revestido de grande coragem, acabou superando a crise.

Nunca mais se separou desse pensamento. Para não o esquecer em hipótese alguma, quando surgia outra crise, ele colava a inspiradora frase em tudo: copos, janelas, mesas de trabalho, além de escrever bilhetes para si mesmo. E sempre recomendava a frase aos desafortunados e sofredores que encontrava.

Quando Arthur morreu, em agosto de 1952, sua máxima já havia conquistado todo o país. Podia ser vista afixada em casas de comércio, escolas, presídios, oficinas, veículos e em milhares de lares. E, claro, na revista *O Pensamento*.

No dia 24 de maio de 1957, mais uma dramática perda para a Ordem — Francisco Valdomiro Lorenz faz a sua passagem para os planos invisíveis da existência na cidade de Porto Alegre. Colaborador e principal astrólogo do *Almanaque do Pensamento*, e também tradutor, poliglota e autor da Editora Pensamento, Lorenz foi um devotado Irmão e um dos mais altos iniciados que passaram pelo Círculo Esotérico, sendo a sua história e a do Círculo quase inseparáveis uma da outra.

Quadro "Hei de Vencer"

* * *

Arthur Riedel, em discurso pronunciado na antiga Sede do CECP

Depois de todas essas transformações, que se iniciaram com a passagem de AOR, é chegado o grande momento: a comemoração do Jubileu de Ouro do CECP, seu aniversário de 50 anos.

O trabalho imenso de Antonio Olivio Rodrigues está completando meio século e é comemorado com uma grande solenidade: milhares de pessoas, vindas das mais diversas partes do Brasil, assistem a um espetáculo com orquestra e coral, coroado com discursos belíssimos, compostos por magníficas palavras que contam a história da Ordem e de seu venerável fundador.

O Presidente do Supremo Conselho, Joaquim Gervásio de Figueiredo, abre a Sessão Magna, prestando uma lindíssima homenagem ao Patrono Fundador AOR; é o discurso mais tocante da noite. Eis os seus fragmentos mais importantes:

Placa comemorativa do Jubileu de Ouro do CECP

Sempre que assomo a esta tribuna para, num mais direto, honroso e amável contato convosco, caríssimos irmãos, dizer-vos algo sôbre o 27 de junho, sinto-me como que alentado pela lembrança dos eminentes vultos de outrora, que aqui deixaram as pegadas indeléveis do seu talento, da sua eloquência e, sobretudo, da sua elevada espiritualidade.

As responsabilidades do nosso cargo, a grandiosidade desta obra, sempre acompanhada por um cortejo de inevitáveis problemas, têm-me feito arcar sob o pêso de suas injunções.

E, ao reverenciar os passos dos veneráveis que por aqui transitaram, faço-o confortado e alentado, pela centelha da fé e os esplendores do "Hei de Vencer".

Hoje, porém, mais que nunca, êste sentimento de sincera veneração invade-me a alma com tôda a sua majestade, com tôda a profundeza de sua expressão, abalando as mais recônditas raízes de minh'alma ao recordar que, onde agora estou, perante vós, também estêve a inesquecível figura do patrono-fundador da nossa amada Ordem: Antonio Olivio Rodrigues!

A ideia que rutilou na mente dêsse vulto gigante, à sua perseverança, à sua fé nos destinos desta Casa, à sua inquebrantável fôrça de vontade alicerçada no poder de nossas fôrças mentais, devemos hoje o júbilo imenso de comemorarmos o cinquentenário do Círculo Esotérico da Comunhão do Pensamento.

Instrumento eficiente à direção das Fôrças Brancas, que nêle encontraram as virtudes necessárias ao desempenho de tão árdua e nobre missão, Antonio Olivio Rodrigues foi o esteio da obra, sob a qual hoje nos abrigamos prazenteiramente.

Fracassos sôbre fracassos, eram respondidos pela perseverança para vencer. E, naquelas lutas, mais se apurava a têmpera do seu caráter.

E mal sabia A. O. Rodrigues que, mui de propósito, assim agiam as Fôrças Superiores, colocando-o num cadinho de terríveis experiências, para que aprendesse mais tarde, a criar e orientar os destinos da nossa Ordem!

Humilde, laborioso, porém predestinado, sentia em seu coração uma estranha fascinação pelo misterioso, pelo oculto, pelas manifestações do invisível.

E comprou livros; e perlustrou páginas enigmáticas; e filiou-se em algumas sociedades; e confabulou sôbre os mistérios; e, sobretudo, meditou profundamente sôbre o bem-estar da Humanidade, a confraternização universal [...]

Mais um sonho ainda, mais um arrôjo, mais um passo, mais um sacrifício e [...] outra vitória: surge em 1907 a Revista d'"O Pensamento", por êle fundada, impressa e distribuída, destinada a propagar os primeiros ensinamentos do Esoterismo no Brasil.

[...] Vivemos hoje uma data que representa cinquenta anos de ininterruptos ensinamentos esotéricos, partidos desta tribuna e largamente disseminados pela nossa imprensa especializada, sempre ciosa em nortear para melhores finalidades os estudos e as investigações dos nossos caríssimos confrades, cujos corações palpitam por um mais amplo conhecimento da Verdade.

[...] Havemos de levar avante o estandarte desta Causa regeneradora, lutando sempre pela aquisição de valores novos que a amparem e impulsionem, eis que temos em mãos um grandioso patrimônio que devemos respeitar.

[...] As camadas populares já estão a par dos nossos movimentos e dos nossos princípios. E o saneamento dos costumes, iniciado pela regeneração individual, segundo rezam as nossas instruções, expande-se do cidadão à família e, desta, à sociedade, porque não sòmente os maus exemplos são contagiosos, como também e principalmente os bons, e é por êstes que nos empenhamos como esoteristas.

Daí a imponência desta hora que, com desusado júbilo, comemoramos, cônscios do papel preponderante que o Círculo Esotérico desempenha na nossa vida e no mundo.

[...] Falei-vos da expansão dos nossos princípios, além das fronteiras do nosso país e, como exemplo, quero citar-vos a fundação de uma revista em língua italiana, editada pelo nosso saudoso confrade Vincenzo Diamico, nosso Delegado Geral, em Milão, que lá também lutou pela implantação dos nossos princípios, através da revista "Il Pensiero" (O Pensamento), ali espalhando vigorosas sementes.

Do mesmo modo, lutaram em Bari (Itália) o nosso Delegado Geral, Dr. Michele Vincenzo Majulli; na África Oriental, Alexandre Civiano; Quintin Lopes Gomez, em Tarrasa, na Espanha; Ângelo Jorge, no Pôrto, em Portugal; Antonio Victor Sálaga, em Oxaca, no México; Carmelo Cantelaro, em Mendonza (República Argentina), como nosso Delegado Geral; Dr. Tomás Rios Gonzáles, nosso Delegado Geral no Chile, ao lado de José Antonio Venegas, em Santiago; Mr. James A. Edgerton, Presidente da Aliança Internacional do Novo Pensamento, como Delegado Geral do Círculo Esotérico da Comunhão do Pensamento, em Washington; além de muitos outros [...]

[...] Louvamos a todos esses denodados paladinos que lutaram pela nossa Causa, bem como a todos aquêles que transitaram na chefia dos nossos tattwas do Brasil, e os que ainda desempenham os cargos de Presidentes-Delegados, e que tanto lutam na campanha da libertação espiritual, incentivando a chama sagrada da fé, para iluminar a avançada das nossas conquistas. De todos vós, caríssimos irmãos, precisamos, para que, no futuro, tenhamos o prazer de rememorar os nossos triunfos e deleitar-nos com os nossos júbilos, frutos da cooperação, do sacrifício, da nossa união fraternal.

[...] A vossa presença nessa Casa, nobres Presidentes-Delegados e caríssimos confrades — é um símbolo, que demonstra a existência de élos indissolúveis que nos ligam, mostrando em tôda a sua [...] a majestade da Fé que palpita em vossos corações de esoteristas.

Aproveitamos o ensejo para, nesta Sessão Magna, vos manifestar a nossa perene gratidão. Nos tempos atuais, em que a dissolução dos costumes ameaça solapar as bases da família e da sociedade, quanto nos consola vermos unida a Família Esoterista, cujos sagrados princípios outros não são senão Harmonia, Amor, Verdade e Justiça!

[...] Felizes os que conseguiram despertar as suas energias latentes; felizes os que sentiram o despertar de sua Luz Interna; felizes os que desvendaram os segredos das fôrças desconhecidas do Homem e da Natureza; felizes os que aprenderam a robustecer a sua mentalidade, pela prática da concentração perfeita; felizes os que retemperam o ânimo em comunhão silenciosa e irradiam a todos os recantos vibrações de Harmonia, Amor, Verdade e Justiça.

Nós vos saudamos, caríssimos Irmãos, nesta magna data do Círculo Esotérico, neste dia de felizes evocações e de bênçãos, fazendo ardentes votos pela vossa paz e a vossa felicidade.

Baseados sempre em vossa lealdade, na vossa sincera colaboração, da qual tanto depende o nosso querido Círculo, temos fé em levar avante a missão que nos foi confiada e repetiremos com Van der Naillen:

[...] "Ó Pai Infinito, ainda mais uma vez obedeço ao sinal misterioso de tua mão [...] Continua, eu te suplico, a guiar-me nos caminhos da vida, por mais ínvios que me pareçam. E se o teu humilde servo está destinado a servir de instrumento para a difusão de tuas santas verdades neste mundo, então, ó Pai Celestial, assiste-me no encargo sagrado e dá-me fôrça de jamais cair!"

Depois de 50 anos de dedicação à filosofia esotérica e espiritualista, o Brasil tem uma enorme dívida para com essa grande Ordem que, mais do que uma bela mensagem teórica, levou, para os quatro cantos do país, sementes da mais alta qualidade moral, ajuda desinteressada aos mais necessitados, educação para os pequenos e coragem para os adultos.

Em 1956, outras ordens esotéricas, como a Fraternidade Rosa Cruz Max Heindel e a Antiga e Mística Ordem Rosa Cruz, a AMORC, estão apenas iniciando esse tipo de trabalho no Brasil, onde o Círculo há cinco décadas já abria espaço para que tais instituições não fossem vistas com maus olhos, como aconteceu com o próprio Círculo em seu início. No começo do século, os detratores queriam de qualquer maneira destruir o trabalho pioneiro e corajoso de AOR, que só se importava em fazer valer os ideais da Ordem: Harmonia, Amor, Verdade e Justiça.

* * *

O Brasil, que cresce a todo vapor com a política de Juscelino Kubitschek, conhece os seus anos dourados e entra na década de 1960 dando um magnífico presente para o patrimônio cultural mundial: Brasília, uma cidade futurista, construída no centro do país. Bem brasileira, à frente de seu tempo, mas com todos os problemas causados por um país em desenvolvimento: excesso para poucos e desigualdade social para a maioria.

Isso gera ideias que vão exigir "reformas de base" por parte do governo — ou uma revolução, não importa se vinda de cima ou de baixo, mas uma revolução. Os tempos estão mudando. As bases da sociedade e da família estão sob ameaça, como disse Diaulas em seu discurso. Os anos dourados da Era JK e do próprio Círculo vão passar por grandes mudanças à medida que os Anos Rebeldes se aproximam.

Novas maneiras de "buscar o caminho" estão para surgir, e o povo brasileiro poderá contar com sociedades alternativas para desenvolver sua espiritualidade e promover o encontro consigo mesmo e com seu Deus Interior. A Era de Aquário se aproxima e a palavra de ordem será "transcender".

AOR abriu o caminho, daí para a frente a diversidade fará o resto.

CAPÍTULO

IX

Dos Anos Dourados aos Anos Rebeldes — Mudanças,
Choques Culturais e Espiritualidade no Brasil:
dos Anos 1960 ao Início dos Anos 1970 — Conservadorismo
e a Era de Aquário — O Círculo Esotérico e o Novo
Salão Nobre: o Fim de uma Era de Ouro

Nós podemos fazer a Terra voltar a ser o Reino de Deus.
— Douglas Machado Filho

No dia 21 de abril de 1960, o Brasil ganha uma nova e lendária capital federal — Brasília, inaugurada pelo então presidente Juscelino Kubitschek. Construída no meio do nada, no Planalto Central, é a realização da antiga ideia de juntar o Brasil do litoral com o Brasil do sertão em prol de uma maior união e crescimento nacionais.

Os anos 1960 e o início dos 1970 representam acima de tudo uma grande explosão de renovação e juventude em todos os aspectos. A geração *beat* — os *beatniks* e a contracultura — sai do *underground* e toma as ruas de cidades como São Francisco, Los Angeles e Paris. Os Beatles se tornam o maior fenômeno *pop* da História. E surge uma segunda e importante onda do movimento feminista na Inglaterra e nos Estados Unidos.

Neste último, Martin Luther King inicia uma campanha não violenta pelo fim da segregação racial contra os negros e o presidente John Kennedy é assassinado. Enquanto isso, protestos estudantis — com teor político ou não — eclodem em várias partes do mundo e o *rock* torna-se um instrumento de protesto contra a sociedade, por meio de seus vários festivais, como o de Woodstock, por exemplo.

Protestos em festivais de música também ocorrem no Brasil, mas não ao som do *rock'n'roll* muito mais inocente e ingênuo que se está consolidando com o nascente movimento da Jovem Guarda. A época é de festivais de música popular brasileira — os famosos festivais da Rede Record, onde surgem Caetano, Chico, Gil e uma infinidade de outros nomes que logo se tornam consagrados no cenário artístico e político nacional.

Essa é a era da tevê em cores, que inicia suas transmissões no Brasil em 1963, pela extinta TV Tupi, de Assis Chateaubriand; do agente 007, como protótipo do herói invencível e conquistador; da corrida espacial e da chegada do homem à Lua; do "perigo vermelho" do comunismo; da minissaia; da Guerra do Vietnã; da guerrilha urbana contra a ditadura no Brasil; do movimento *hippie*, com sua orientação anarcossocialista; do amor livre; do uso de drogas para abrir as "portas da percepção" e para as transformações e expansões da consciência; e de lutas pelo fim dos dogmas morais, dos preconceitos e das segregações.

Surgem as primeiras preocupações relacionadas com o consumismo, com as armas nucleares e com o bem-estar do planeta. As pessoas deixam de estar tão voltadas para o seu "eu" a fim de vivenciar o outro e se importar com ele. Os movimentos em prol da ecologia e da sustentabilidade começam a dar os primeiros passos.

Uma onda de orientalismo varre o Ocidente, e expressões como yoga, vedanta, meditação transcendental, tantra, macrobiótica, movimento Rajneesh, movimento Hare Krishna, zen-budismo e tantos outros começam a atrair muitos indivíduos que, antes dessa época, nunca se interessaram por tais assuntos, pois os achavam demasiados excêntricos para o mundo ocidental.

No Brasil, depois da inauguração de Brasília — a Novacap, cidade ultrafuturista, projetada pelos arquitetos Lúcio Costa e Oscar Niemeyer —, o primeiro presidente a tomar posse, em 31 de janeiro de 1961, é Jânio da Silva Quadros, que renuncia depois de apenas sete meses, em 25 de agosto.

No dia 30 de junho de 1961, a revista *Time* dedica sua capa a Jânio, retratado por Portinari. O texto diz: "Saindo não se sabe de onde para liderar a maior votação popular da história, Jânio Quadros aparece ao mundo como a própria imagem do Brasil — temperamental, brilhando com independência, ambicioso, assombrado com a pobreza, lutando para aprender, ávido de grandeza" (Bueno, 2002, p. 355).

Após a renúncia de Jânio, assume o seu vice, João Goulart, o Jango. Por haver suspeitas de ele ser comunista, desde a época em que foi Ministro do Trabalho de Juscelino, em 1955, os militares permanecem atentos aos seus passos e às suas ideias populistas.

Com o fracasso do Plano Trienal — que, sob o comando do ministro do Planejamento Celso Furtado, tenta pôr em prática as "reformas de base" —, e convencido de que tais mudanças não seriam aceitas pelo Congresso, Jango programa um grande comício na estação Central do Brasil, no Rio de Janeiro.

Organizado pelas maiores centrais sindicais do país, Jango encerra os discursos conclamando a multidão a "ajudar o governo a fiscalizar os exploradores do povo"; portanto, torna-se ainda mais delicada a sua situação como "o líder das classes que clamavam por tais reformas".

Jango perde o apoio do PSD e sabe que a direita trama sua derrubada. Assim, não resta outra saída a não ser uma maior aproximação com a política de esquerda.

Esse é o estopim para a ação dos militares. Após a "Marcha da Família, com Deus, pela Liberdade", em 19 de março, em São Paulo — que reuniu meio milhão de pessoas —, setores do Congresso Nacional passam a ser favoráveis a uma ação contra o "perigo vermelho" de Jango. E em 31 de março de 1964 ocorre o fatal golpe militar que depõe o presidente João Goulart.

No Rio de Janeiro, dois dias depois saem às ruas um milhão de pessoas, na Marcha da Vitória.

Os estudantes e os intelectuais começam a se dividir em dois grupos: os francamente a favor do golpe e os que passam a protestar contra a nova ditadura. Entretanto, várias correntes ou grupos começam a trilhar o caminho do "desbunde", a não se importar em validar padrões estabelecidos ou em se revoltar de forma política e militante. A geração da chamada "contracultura", em vez de apenas cruzar os braços ou então se rebelar e pegar em armas, começa a mostrar que há a possibilidade de uma terceira via: o caminho da negação dos padrões impostos pela sociedade.

Rejeitada pelas outras duas partes, essa geração canaliza seu questionamento social para as drogas e as religiões alternativas — principalmente os segmentos da "filosofia oriental", tais como *yoga*, meditação zen, *do-in* e macrobiótica, por exemplo, que "andam" muitas vezes lado a lado, com nomes *cult*, chiques e genéricos, mas carentes de um significado mais profundo.

Por outro lado, pesquisadores ligados à teosofia e à Sociedade Teosófica fundam, em 1967, a Sociedade Budista do Brasil, e a tradição zen chega ao país em 1968. Logo começa a ser incorporada pela contracultura e pelos primeiros membros do movimento *hippie* tupiniquim.

Comunidades rurais surgem em vários estados brasileiros, onde práticas orientais ganham mais e mais adeptos. No princípio da década de 1960, práticas como o yoga, por exemplo, ganham inclusive os primeiros adeptos que se aventuram a escrever sobre o tema: Caio Miranda (*A Libertação pelo Yoga*) e José Hermógenes (*Autoperfeição com Hatha Yoga*); esse é o ponto de partida para muitos praticantes que conheceram os princípios através das obras desses pioneiros da filosofia iogue no Brasil.

A partir dessas vivências, dessas práticas e de outras formas mais livres de pensar a sociedade, cresce a necessidade de um movimento contrário a tudo que é tradicional. Grande parte da juventude vê nessas novas formas de vivenciar a espiritualidade uma saída não violenta para questionar o modelo vigente, cortando pela raiz os dogmas que ditam o que é ou não correto e aceito em todas as situações da vida.

Transcendência, essa é a resposta. Uma livre expressão que não seja marcada por rituais rígidos e pouco compreendidos.

As pessoas que, durante tanto tempo, estavam aprisionadas das mais diferentes maneiras agora visam a liberdade — uma completa libertação —, para poder ir ao encontro de si mesmas de forma mais ampla e com um melhor entendimento do seu próximo e do mundo.

* * *

O que vemos nesse momento nada mais é que uma espécie menos formal e mais contestadora — porém sem um rumo certo — de liberdade de expressão, a qual o Círculo Esotérico já oferecia aos seus filiados há mais de 50 anos.

Como a regra agora é "não seguir nenhuma regra, mas negá-las", esse tipo de espiritualidade mais sincrética e menos dogmática, propagada pela Ordem, chega ao Brasil de forma bastante distorcida, não pelos artífices da contracultura, mas por muitos de seus praticantes. Há um crescimento das religiões orientais, mas também uma maneira muito pessoal de percebê-las. Porém, quem não sente profundidade nesse caldeirão cultural neo-orientalista pode contar com uma instituição que tem em suas fileiras 271 mil filiados e mais de 1.300 células propagando os ideais de sua matriz espiritual paulistana.

O que é uma novidade para a mídia, jovens estudantes, setores da classe média e intelectuais — que acabaram de ter contato com essas excêntricas práticas —, já era parte integrante da jornada diária do CECP e de seus filiados.

Muito antes de essa onda de orientalismo varrer o Ocidente, o Círculo Esotérico já vinha desde o início do século publicando matérias sobre vedanta, meditação e yoga em seus periódicos, o jornal *O Astro* e a revista *O Pensamento*. Sim, na década de 1910, Antonio Olivio iniciou a pioneira (porém hoje esquecida) "Coleção Yogue Ramacharaca", que influenciaria muitos brasileiros na busca dos benefícios físicos, emocionais, mentais e espirituais dessa prática milenar. Os já citados Caio Miranda e José Hermógenes basearam-se nesses estudos ao escrever suas seminais obras.

Na década de 1960, principalmente em seu final, a Editora Cultrix, influenciada pelos ideais do Círculo e pela filosofia da editora-mãe, começa a publicar obras que têm como ideia-base o orientalismo: *A Índia Secreta* e *O Egito Secreto*, de Paul Bunton; obras de Sri Aurobindo e Jiddu Krishnamurti; assim como a clássica coletânea "Zen Budismo e Psicanálise", com textos de D. T. Suzuki, Erich Fromm e R. de Martino (hoje um clássico). Esses são apenas alguns exemplos dessa aproximação.

Com essas obras, o delegado geral do Círculo, Diaulas Riedel, tenta ampliar o leque de autores das editoras que dirige — mas sem se render ao comercialismo — a fim de atender um público que, cada vez mais, se interessa por esoterismo e espiritualismo. Lança obras de autores que já escreviam sobre isso há décadas e eram bastante conhecidos no Círculo.

Novos autores, porém velhos conhecidos da Editora O Pensamento, publicam obras que anunciam a síntese dc antigos conhecimentos e, ao mesmo tempo, o início de uma nova era, marcada pela controvertida peça de teatro *Hair*, que estreia em

1969 no Teatro Aquarius (mais tarde ele trocaria de nome, para Teatro Zaccaro), no bairro do Bixiga, em São Paulo.

Dentre esses autores velhos conhecidos estão Joaquim Gervásio de Figueiredo e Cinira Riedel de Figueiredo, respectivamente presidente e vice-presidente do Círculo. Considerados por muitos estudantes da Ordem como o "C. W. Leadbeater e a Annie Besant brasileiros", são verdadeiros mestres espirituais que, nesse período, ajudam a manter as bases espirituais do CECP por meio de várias ações — tais como a coluna "Hei de Vencer", de Cinira, na revista *O Pensamento* —, nas quais os mais altos ideais do esoterismo são explicados de forma simples, direta e didática, atingindo assim um imenso público. E Joaquim Gervásio é nessa época o principal redator da revista, ao lado de T. Booker Washington.

A Ordem conta também, cada vez mais, com o trabalho de uma antiga filiada e funcionária da Editora O Pensamento, Dona Matilde Cândido, que iniciou seu trabalho no Círculo quando AOR ainda era o delegado geral, no meio da década de 1920. O amor de Dona Matilde pelo Círculo vinha de longe. Em muitas ocasiões, quando da ausência de AOR, causada por algum compromisso fora de São Paulo, ela assumia a função de orientar algumas sessões esotéricas da Ordem, tal a confiança que Antonio Olivio depositava nela. Seu humilde início ao lado de AOR deu-se de forma intuitiva, como nos conta Dirce Vivian Rodrigues, filiada ao Círculo desde 1965, em uma entrevista concedida especialmente para este livro:

Joaquim Gervásio de Figueiredo e Cinira Riedel de Figueiredo

[...] O Antonio Olivio estava precisando de uma moça para trabalhar com ele. Os pais da Matilde estavam em dificuldades financeiras e ela estava atrás de trabalho [...] Ela veio aqui procurar emprego e alguém na recepção disse que não tinha vaga.

O Antonio Olivio escutou e mandou que ela subisse — ela era mocinha ainda — e a contratou. Ela trabalhou muitos anos diretamente com ele.

[...] Ficou trabalhando aqui por uma vida inteira e tornou-se a referência do Círculo; era o braço direito do Antonio Olivio.

O principal trabalho de Dona Matilde depois que Diaulas assumiu era, entre outros, o de visitar os *tattwas*, em algum evento importante, ou iniciar as atividades de um novo *tattwa*. Também Diaulas é representado por ela em eventos aos quais não pode comparecer. Sua dedicação e seriedade são tão grandes que algumas pessoas a chamam carinhosamente de "a delegada".

Seus lindos, francos e enérgicos discursos, na tribuna do Salão Nobre, são ouvidos atentamente e trazem em si um grande conhecimento da filosofia esotérica e da verdadeira forma de trilhar o caminho espiritual, como podemos perceber nesse fragmento do seu discurso no 59º aniversário do Círculo:

Dona Matilde Cândido

[...] infelizmente poucos são os que põem em prática [nossos] ensinamentos. A maioria deixa de lado as instruções recebidas e sai para fora procurando nos outros aquilo que traz dentro de si. Prefere acomodar-se nas muletas que pediu ao seu companheiro de viagem do que caminhar com suas próprias pernas, e isso apenas porque, caminhando com muletas, seus pés ficam resguardados dos espinhos da estrada. Todavia, assim procedendo, tomam sem perceber um atalho e sòmente muito tempo depois percebem o engano e voltam novamente ao caminho que vinham percorrendo, verificando então que aquêles que eram seus companheiros, já estão muito além.

Precisamos acordar e êsse despertar conseguiremos estudando, meditando e praticando aquilo que nos ensina nossa Venerável Ordem. Vamos, pois, nos dedicar ao trabalho de nos conhecermos a nós mesmos. Não procuremos a luz fora, nos outros, pois está dentro de nós.

Somos fagulhas da grande Chama Divina e essas fagulhas desceram para afastar as trevas da terra; foram ao âmago da matéria bruta, animando formas minerais, vegetais, animais e hoje animam formas humanas. Na sua descida foram se revestindo da matéria de cada plano, cada vez mais denso e, agora, na subida, vão gradativamente se desvencilhando dessa matéria, devolvendo-a à origem, porém de forma diferente, vivificada pelo sôpro da Divindade, ativa, trabalhada. Necessário se torna que compreendamos bem o nosso papel no mundo, pois compreendendo-o bem, conhecendo a nossa origem, o porquê de aqui estarmos e para onde caminhamos, vamos nos desembaraçando das coisas ilusórias, nos desapegando das formas e através [dos ensinamentos de nossa amada Ordem], distinguiremos o eterno do temporal, a causa e o efeito, a luz e as trevas, o dia e a noite, enfim, descobriremos quem somos de fato, e um dia seremos super-homens, prosseguindo assim sempre em marcha evolutiva, até nos tornarmos também uma grande chama igual à que nos deu origem.

Estamos carregando uma cruz e não devemos torná-la mais grosseira e mais pesada, mas, ao contrário, nossa missão é divinizar o lenho dessa cruz, para quando tivermos de devolvê-la ao plano do qual foi tirada, o façamos de forma melhorada, mais leve, mais sutil.

[...] Nossa missão é cultivar a matéria que nos entregam nos planos pelos quais passamos. Nossa missão é ser luz e não trevas, é aumentar o fulgor dessa luz e não encobri-la com nossos lamentos, queixas, desânimos.

Cumpramos nossa missão e, corajosos, confiantes, enfrentemos tudo sempre com serenidade, sempre gratos à Divindade por nos ter dado a divina missão de condutores de Luz.

Assim procedendo, vamos destruindo as vestes pesadas que encobrem nossa verdadeira individualidade, compreendendo que o eterno, o divino, o potencial, está dentro de nós mesmos e porque o Divino Mestre disse: Eu e o Pai somos um.

Seguir na vida prática o que Dona Matilde disse nesse comovente discurso exige do estudante — do verdadeiro espiritualista — uma grande dose de fé e autodisciplina. E o Círculo, juntamente com seu principal órgão de divulgação, a revista *O Pensamento*, leva às pessoas os ensinamentos necessários para elas conseguirem tal atitude perante a vida.

Com tantas opções disponíveis para trilhar o caminho espiritual e com tantas formas de encontrarem a si mesmas e se elevarem, surge também nas pessoas uma vontade muito grande de sanar miraculosa e instantaneamente todos os seus males, seguindo as novidades que chegam todos os anos ao país, relacionadas com essa busca interior.

Como podemos perceber no início do fragmento do discurso de Dona Matilde, nessa época o Círculo Esotérico inicia um processo de esvaziamento, pois muitos filiados — em busca de "gurus", urbanos ou não, que prometem tais milagres — transferem-se para outras entidades, sociedades ou grupos que têm um discurso ligado ao imediato, "à busca das buscas", onde imaginam que finalmente conseguirão ter a "revelação das revelações". Há, sim, muitas instituições sérias, mas, como em todos os fenômenos de massa, pessoas com propósitos apenas materiais — que aparentemente não são assim percebidas pelos buscadores — abusam da fé do ser humano e criam seitas que nada oferecem além de escravidão mental e submissão emocional, travestidas de nobres e militantes ideais.

Além disso, para muitos indivíduos, nem mesmo as ideias mais sublimes da filosofia espiritualista conseguem aplacar a dor de sentirem-se amordaçados por uma ditadura militar que se recusa a abrir mão do poder, fazendo com que os militares deem meia-volta aos quartéis e devolvam a plena democracia às mãos dos civis.

* * *

O final da década de 1960 é conturbado — Zuenir Ventura chamou 1968 de "o ano que não acabou" pelo fato de ter sido tão importante em termos de transformações políticas e sociais. Nessa época de tamanho caos social e político, os militantes de esquerda brasileiros partem para o enfrentamento armado contra a ditadura.

Vive-se no país a esquizofrenia do "milagre econômico", que convive lado a lado com um brutal fechamento político, levado a cabo pelas mãos de Emílio Garrastazu Médici, o terceiro e mais brutal general presidente da ditadura militar.

Para eliminar certos direitos constitucionais que dificultam o fechamento do cerco contra os "terroristas" e para caçar os parlamentares francamente contra o regime, que dispõem de imunidades, como o deputado Márcio Moreira Alves, o antecessor de Médici, Costa e Silva, baixa o AI-5 — o Ato Institucional nº 5 — em 13 de dezembro de 1968, que serve também para acalmar os ânimos dos militares da linha dura e acabar de uma só vez com as greves operárias e as manifestações estudantis. É o "golpe dentro do golpe". Para quem acha que o Golpe de 1964 foi uma revolução, agora não existe mais dúvida: o país está sob uma fria e cruel ditadura militar.

"Na prática, o ato concentrava na mão de Costa e Silva uma quantidade monumental de poder, tornando-o um ditador no sentido pleno da palavra. O AI-5 perduraria por onze longos anos" (Bueno, 2002, p. 373).

Essa difícil situação em que se encontra o país ecoa nas palavras de Diaulas, em seu discurso do 60º aniversário da Ordem, mas ele também fala dos "miraculosos caminhos" que as pessoas procuram nessa época:

> Os tempos que atravessamos são tempos árduos; torna-se cada vez mais difícil manter acesa a chama dos ideais espirituais e viver uma vida que os encarne, a cada momento, de forma verdadeira. Entretanto, quanto maior a dificuldade, maior o mérito; são os empecilhos que nos possibilitam aprimorar nossos podêres internos e afirmá-los na luta contra as adversidades.

Fosse tudo fácil e simples, nossas faculdades interiores se embotariam e perderiam em pouco tempo aquela fortaleza que só a luta persistente contra os obstáculos pode propiciar.

De dificuldades as mais árduas estiveram repletos os caminhos percorridos pelos idealistas de tôdas as épocas. Pela mesma contingência de enfrentar empecilhos e incompreensões passaram os grandes Instrutores da Humanidade e seus discípulos. E foi por vencê-los que êles se imortalizaram na memória das gerações.

Nossa Ordem não faz promessas vãs a ninguém, como também não as fizeram os grandes Instrutores da Humanidade. Êstes trouxeram sua mensagem a determinado povo, numa determinada época, mensagem não de miríficas promessas, mas de efetiva espiritualidade, concitando cada homem a viver todo instante de sua vida de acôrdo com as leis superiores do Espírito, a agir como pessoa esclarecida e não como ignorante obscurecido. Só dessa maneira alcança o homem tornar-se mais forte, autoconfiante, independente, capaz de caminhar sozinho, em vez de ser um joguete de ideologias ou tradições falsas e superadas.

Essa foi também a orientação do nosso saudoso Arthur Riedel, que sublimou sua experiência de vida num pensamento criador e estimulante, do qual é testemunho a famosa frase "HEI DE VENCER". Mas êle próprio explicou que êsse lema deve ser compreendido como "HEI DE VENCER-ME", já que só aquêles que sejam capazes de vencer suas próprias fraquezas, limitações e erros, é que alcançam a verdadeira vitória.

Hoje em dia, quando a tecnologia, ao mesmo tempo que propicia ao homem meios até então jamais sonhados para melhorar a sua vida física, ameaça-o com armas destrutivas de inaudita potência maléfica. É mister evocar a luminosa mensagem dos Instrutores do Mundo e procurar completar a inteligência com o amor. Por isso é que o Esoterismo mostra que não basta criar prodígios no campo material; faz-se indispensável criá-los também no campo moral e espiritual. Mais do que nunca, o mundo carece de almas repletas de amor ao próximo para que se restabeleça o equilíbrio na balança do bem e do mal. Tão prejudicial é cultivar exclusivamente o cérebro, sem o adubo do amor, como seria o cultivo exclusivo do coração sem a luz esclarecedora da inteligência. O cérebro é cego, fanático, supersticioso, servil e também cruel.

Isso é o que nos ensina a filosofia esotérica. Essa tem sido a mensagem de nossa Ordem, há sessenta anos, desde o dia em que foi fundada pelo discernimento e pelo devotamento espiritual de Antonio Olivio Rodrigues, cuja memória hoje cultuamos, agradecidos.

É uma mensagem que o Círculo Esotérico da Comunhão do Pensamento dirige tanto ao mundo em geral como aos seus membros em particular, através do livro, do pensamento e da conduta leal de todos os esoteristas sinceros. É a mensagem que desejamos legar às gerações futuras, para que estas encontrem um mundo bem melhor do que aquêles em que atualmente vive e luta a nossa geração.

Diaulas Riedel em discurso na Tribuna do Salão Nobre no prédio da Torre

Revista *O Pensamento*, 1968

Diaulas não faz apenas um discurso como delegado geral de uma ordem esotérica já sexagenária, ele também deixa marcado nas entrelinhas que, mais do que nunca, o Círculo, aliado aos seus centros de irradiação mental, os *tattwas*, deve fazer todo o possível para irradiar suas luminosas divisas — Harmonia, Amor, Verdade e Justiça — pelos quatro cantos do Brasil, para que as gerações futuras não precisem passar por um momento político e social tão tenebroso.

É a primeira vez que um delegado geral profere um discurso tão contundente, no qual os contextos espiritual e material são expostos de modo tão drástico, ao lado dos acontecimentos da vida comum. É praticamente um apelo!

Só a prática diária das sublimes divisas da Ordem pode dar alguma esperança num momento caótico como o que o país atravessa.

* * *

O final do ano de 1969 traz uma grande prova para os membros do CECP, pois, em meio a tudo isso, São Paulo não para de crescer.

Com a gestão do prefeito José Vicente Faria Lima, o Plano das Avenidas, de Prestes Maia, ganha mais de 45 quilômetros de novas e amplas avenidas, como as marginais dos rios Pinheiros e Tietê, e a Avenida Sumaré; e são realizados o alargamento da Avenida Rebouças e a ligação das Avenidas Ruben Berta e 23 de Maio, entre outras obras. E não podemos nos esquecer da Radial Oeste, que faz a ligação entre os bairros do Brooklin e de Pinheiros; após o falecimento do prefeito, a obra já concluída é inaugurada, recebendo o seu nome: Avenida Brigadeiro Faria Lima.

Como de costume, muita coisa vem abaixo para dar lugar ao progresso, e um dos edifícios que passam por um tombamento — infelizmente, não o tombamento pelo Patrimônio Histórico do Estado de São Paulo — é o Prédio da Torre. A revista *O Pensamento* assim noticia:

Nosso Salão Nobre

Numa solenidade inesquecível para todos quantos tiveram a felicidade de assistir, realizada no dia 27 de junho de 1926, foi lançada a pedra fundamental do soberbo edifício situado no então Largo de S. Paulo, hoje Praça Almeida Júnior. Completava o Círculo Esotérico da Comunhão do Pensamento nessa data, dezessete anos de vida.

O ato realizou-se às 14 horas e contou com a presença de todos os membros da Diretoria de nossa Venerável Ordem e grande número de filiados. Contou, ainda, com a representação oficial do Exmo. Sr. Presidente do Estado, na pessoa do Dr. Adhemar de Campos, e a presença dos Srs. General Dr. Eduardo Sócrates, DD. Comandante da IIª Região Militar, Coronel Pedro Dias de Campos, DD. Comandante da Fôrça Pública e Dr. Francisco Battazi, autor e construtor do projeto, bem como representantes da imprensa.

Três anos depois, nova solenidade marcante realizada no dia 27 de junho, inaugurava oficialmente o majestoso edifício destinado a registrar uma etapa gloriosa de nossa Amada Ordem, que completava então vinte anos de existência.

E agora, em 1969, quando o Círculo Esotérico festeja seu sexagésimo aniversário, assistiremos à demolição do magnífico prédio. Sim, nosso salão nobre vai desaparecer, diante de uma nova cidade que surge.

É a Lei. É o progresso. É a evolução!

Como a rosa que se desfaz quando suas pétalas são tocadas pela brisa de um novo dia, nosso salão construído há 40 anos vai desaparecer ante o toque do alvorecer de uma nova São Paulo!

Esoteristas que somos, cultores do progresso e da evolução, precisamos aceitar com serenidade essa demolição, pois sabemos que a sede de nossa Venerável Ordem não foi construída sôbre areia movediça, mas, sim, sôbre as vibrações de almas idealistas, e assim sendo, não presenciaremos uma destruição, mas apenas uma transformação.

A energia existente nos alicerces de nosso salão nunca poderá ser perdida ou aniquilada e é nela que nos apoiaremos na construção de um nôvo Templo. Os eflúvios emanados de suas paredes ao tombarem se espalharão pelo ar e como flores odoríficas embalsamarão a atmosfera, impregnando-a com seu aroma vivificante a nova cidade que surge, tornando-a ainda mais bela e mais acolhedora!

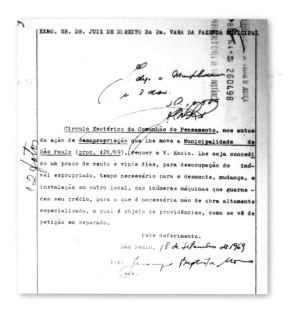

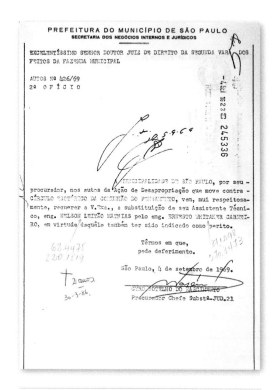

Documentos de desapropriação do Prédio da Torre

Portanto, tombam a sede e o Salão Nobre do CECP, como também os escritórios da Editora Pensamento e as instalações da gráfica Edipe: um duro golpe, em pleno ano do 60º aniversário da Ordem. Torna-se necessária a construção de uma nova sede.

Mas o terreno do Prédio da Torre foi desapropriado em parte, o que significa receber da prefeitura bem menos do que o prédio vale. Desse modo, talvez o Círculo Esotérico fique sem poder construir a sua nova sede. Para que isso não aconteça, Diaulas luta muito a fim de que a arrecadação de recursos sobre a desapropriação do antigo prédio seja a melhor possível. Vale a pena.

Depois de longas negociações com a prefeitura, que se encerram com uma quantia bem maior do que a proposta inicialmente, Diaulas compra um terreno com os recursos da desapropriação na Rua Odorico Mendes — no bairro da Mooca, próximo à área central de São Paulo —, e com recursos próprios, manda construir um grande prédio para abrigar a nova sede do Círculo Esotérico da Comunhão do Pensamento.

Porém não fica pronto para a comemoração do 63º aniversário do Círculo. A festa é então realizada na sede do Clube Lega Itálica, também localizado à Praça Almeida Júnior, no nº 86. Em seu discurso, Diaulas explica aos filiados por que ainda não possuem uma nova sede própria, e aproveita para continuar o seu discurso sobre o caos que o mundo se encontra e a saída que as pessoas buscam por meio do individualismo:

Não obstante nossa previsão nesta mesma data do ano anterior, infelizmente nossa sede própria ainda não pôde ser concluída, devido ao enorme atraso com que a Prefeitura de São Paulo nos pagou o valor da desapropriação de nossa sede. Porém as obras já estão bem adiantadas e estamos certos de que pelo fim deste ano já estaremos funcionando em nossa nova sede, à Rua Odorico Mendes, 31-A.

É, pois, uma questão de pouco tempo e paciência e logo nos veremos, como antes, em nosso próprio lar e ambiente espirituais, tão necessários ao rítmo e eficiência de nossos trabalhos.

O mundo em geral continua conturbado física e mentalmente, e a humanidade, desorientada, está sedenta de algo miraculoso que a salve e liberte do sofrimento, porém, por falta do verdadeiro conhecimento, continua a multiplicar as causas de seu sofrimento atual. Mas também em seu seio há uma pequena minoria mais desperta, inconformada com a situação dominante e que alonga suas vistas para um horizonte mais amplo, em busca de uma luz para iluminar-lhe o obscuro caminho. Milhares desses em todo o mundo andam hoje em busca de um conhecimento, uma filosofia ou uma religião mais lógicos e humanos para lhes iluminar o seu interior e ajudá-los a solucionar os seus conflitos mais íntimos e profundos. É que não mais os satisfazem os velhos padrões de cultura.

A Semana Esotérica

Foi nessa época que teve início um evento anual do CECP — a Semana Esotérica —, que comemorava o nascimento de AOR, no dia 7 de outubro, mas também tinha o propósito de aproximar os membros da Ordem de sua sede-matriz e de seus *tattwas*, por meio de reuniões que ocorriam a cada ano numa localidade diferente.

Com a demolição do Prédio da Torre, o Círculo ficou sem uma sede própria para abrigar as comemorações do dia 27 de junho. Então foi criada a Semana Esotérica, para ser mais uma data de confraternização dos membros da Ordem e, assim, manter viva a chama do pensamento esotérico de AOR.

Até o momento presente — junho de 2010 —, a Semana Esotérica já conta com 36 edições. Em 2004 e 2005 houve uma tentativa de realizar Semanas Esotéricas regionais e bianuais, mas a ideia acabou não indo em frente.

Após a odisseia da indenização, causada pela burocracia da Prefeitura de São Paulo, e estando concluída a construção do novo prédio — à Rua Odorico Mendes,

O novo Salão Nobre

nº 43, no bairro da Mooca —, é inaugurado o novo Salão Nobre do CECP, por ocasião do seu 64º aniversário, em 27 de junho de 1973.

A página de abertura da revista *O Pensamento* já tinha noticiado a futura inauguração:

> *A comemoração que se realizará no próximo dia 27 do corrente mês, em que o Círculo Esotérico da Comunhão do Pensamento festejará a passagem de seus sessenta e quatro anos de existência, marcará sem dúvida, para a nossa Venerável Ordem, mais uma fase de progresso e luz, que ficará gravada fortemente na memória de todos os seus filiados!*
>
> *É que nesse dia será, também, inaugurado o novo Templo.*
>
> *Grande foi a luta, intensos foram os esforços dispendidos pelo Supremo Conselho para que pudesse conseguir a construção do novo Tabernáculo, porém, nada arrefeceu o seu ânimo e provando quanto vale uma vontade férrea, concretizada na fé nos poderes superiores, venceu todos os obstáculos, conseguindo a grande vitória. É um edifício magnífico, dentro da sua simplicidade. Muito bem decorado e com a simbologia necessária para os trabalhos ritualísticos, não deixa de ser uma obra de arte. Situado num ponto privilegiado, facilita o acesso a todos os membros do Círculo residentes nos diversos bairros da cidade, assim como aqueles que residem nos subúrbios, pois se acha em plena Avenida do Estado, que é servida por farta condução.*

Esta conquista de nossa Venerável Ordem incentiva-nos a continuar a jornada sem nenhum desânimo, crendo firmemente no seu grandioso futuro, sentindo que ninguém poderá deter a sua marcha sempre para frente e para o alto, através de suas próprias forças.

Sessenta e quatro anos vencidos galhardamente!

* * *

O próprio mundo está mudando e deixando os filiados menos receptivos ao imaterial e ao espiritualismo clássico, embora eles estejam impregnados do mais puro otimismo espiritual, característico da Ordem. Alguns deles talvez procurem alternativas que beiram o "materialismo espiritual", um conceito tratado no livro *Além do Materialismo Espiritual*, de Chögyam Trungpa, que pode ser resumido em buscar a espiritualidade por meio de fórmulas prontas e transformar em gurus os dirigentes de determinadas comunidades — enfim, criar uma série de autoilusões e tratar de forma materialista as questões espirituais da vida.

Por viverem o "milagre econômico" da era Médici, o interesse de muitas pessoas agora é expandir a sua fortuna, buscando os bens materiais, em vez melhorarem a si mesmas.

Os dez anos finais da ditadura militar trazem consequências importantíssimas para o desenvolvimento social, cultural e político do Brasil, bem como uma enorme dívida externa, recessão e crise financeira para o "país do futuro".

Apesar das mudanças lentas e graduais, o que passou por transformações nos anos 1960 e início dos 1970 faz ferver o caldeirão de espiritualidades tão múltiplas, o qual finalmente explode após o final da ditadura. Mas, enquanto esse caldeirão esquentava, o Círculo passava por uma fase de interiorização, dando assim lugar a novas instituições espiritualistas que vão surgindo nessa época.

O pioneirismo do Círculo começa a atingir um novo estágio de desenvolvimento. Muitos de seus ideais passam a ser vistos pelos olhos de outras pessoas e por meio de outras linguagens, mas, em seu cerne, os ideais que foram semeados no início do século XX por AOR — o "jardineiro de almas" — vão brotar em meio à diversidade de uma nova era que está começando.

CAPÍTULO

X

"Pra Frente, Brasil!" — Aberturas Políticas e Culturais;
Mudanças Lentas e Graduais — O Último Período da Ditadura
Militar e a Transformação Política do Brasil —
O Caldeirão da Nova Era Começa a se Aquecer — A Interiorização
do CECP e a Preparação de um Novo Despertar

As pessoas felizes não sabem grande coisa da vida;
a dor é a grande educadora dos homens.
— Anatole France

No dia 15 de março de 1974, o general Ernesto Geisel toma posse como presidente da República. Juntamente com o general Golbery do Couto e Silva, articula um projeto de abertura lenta, gradual e segura. Com uma economia frágil, crises políticas sucessivas — que ocorrem com o aumento do poder do MDB no Congresso —, guerrilhas e choques culturais, Geisel tenta levar em frente o plano de "distensão", com medidas amenas, dando um rumo mais democrático, sobretudo à censura. Ele suspende a censura aos textos escritos e aos jornais, mas mantém sob contínua vigilância as rádios e TVs.

Mesmo disposto a levar adiante essa reforma política, Geisel não hesita em "endurecer" a sua tensa relação com a oposição toda vez que julga necessário. O Ato Institucional nº 5 finda apenas no *réveillon* de 1978, devolvendo a liberdade política, que culminaria com um ato realmente renovador para a democracia brasileira no final da década.

Assim, no dia 27 de junho de 1979, é assinada pelo então presidente, o general João Baptista Figueiredo, a 48ª anistia da história do Brasil — ampla, geral e irrestrita. A ditadura militar dá seus últimos suspiros pelas mãos do quinto general presidente, que promete "fazer deste país uma democracia".

"O PENSAMENTO" EM EVOLUÇÃO

* * *

No 65º aniversário do Círculo Esotérico, em 1974, Diaulas Riedel — sentindo o peso do delicado momento político, social e cultural pelo qual o Brasil e o mundo passam — faz uma síntese-apelo aos filiados da Ordem sobre esse soturno período:

Jamais se viu, como agora, tantas pessoas mergulhadas em tantas incertezas, estonteantes perplexidades e aflitivas inquietações. É assombroso o número de neuróticos, desajustados, mortes e suicídios que a crônica mundial registra. E o pior é que os maiores gênios da ciência, religião, filosofia, arte ou política se sentem num beco sem saída, impotentes para ao menos suavizar tamanhos males e tentar fechar o abismo voraz, que lenta e implacavelmente está tragando multidões de vidas e valores humanos. Ante espetáculo tão catastrófico, mesmo espíritos eleitos vacilam e sentem quão difícil é manter-se o necessário equilíbrio e serenidade mental.

É sobretudo nesta época de sofrimentos generalizados, de sublevação social, de valores conspurcados e estraçalhados, de crises religiosas e descalabros morais, que os verdadeiros idealistas e filantropos têm de buscar alcançar e realizar as mais amplas e elevadas concepções da vida, e fazem-se necessárias as instituições e iniciativas de finalidades puramente espiritualistas. Isso explica porque hoje em dia cresce em toda a parte, cada vez mais, o número de pessoas de todas as classes, idades, e de ambos os sexos, que de uma ou outra maneira e sob diferentes denominações andam em busca da Verdade espiritual e de uma realização mais autêntica de uma intensa vivência interior.

Precisamente nesta hora é que se pode bem avaliar quão importante é a obra realizada pelo Círculo Esotérico com a sua filosofia dinâmica de sadio otimismo. Aqui aprendemos que a felicidade, a serenidade, a paz que os homens almejam alcançar, é um estado que eles próprios têm de criar e manter em seu interior, em escala progressiva porém ininterrupta. À proporção que nos tornamos dignos de um mundo melhor, ele se nos vai revelando dentro e fora de nós, pois em verdade cada homem é per se o Caminho, a Verdade e a Vida, em busca desse mundo de paz e bem-aventurança. Cada esoterista, como cada ser humano, e somente ele, é o arquiteto de seu próprio mundo, e não há maior mérito que o conquistado por seus próprios esforços.

Nossa filosofia esotérica preconiza a autossuficiência individual como o primeiro passo para a conquista da felicidade. Que cada um busque em seu interior aquilo que por tanto tempo tem buscado debalde fora de si, e seguramente encontrará solução para os problemas e conflitos que o afligem. Deus está tanto dentro como fora de nós, porém enquanto não o descobrirmos em nossos corações, é inútil continuarmos a buscá-lo fora. Por isso replicou Jesus aos judeus ignorantes que o apedrejaram por consi-

derar-se uno com o Pai: "Não está escrito em vossa lei: Eu disse: Sois deuses?" Também por isso mesmo afirmava Buda aos seus circunstantes: "Vós sois Budas".

Estas verdades, tão profundas e tão esquecidas, têm sido proclamadas em todos os tempos, em todo o mundo, para a elevação em humanidade, cuja salvação final depende de sua integral aceitação e realização prática. O grande Mestre que inspirou a Mabel Collins o seu místico livro Luz no Caminho, *formulou-as lapidarmente nestas concisas frases:*

A primeira e grande verdade é: A alma do homem é imortal e o seu futuro é o futuro de algo cujo crescimento e esplendor não têm limites.

A segunda verdade é: O Princípio que dá vida mora em nós e fora de nós; é imortal e eternamente benfazejo; não se ouve, não se vê, não se cheira, porém é percebido pelo homem que deseja a percepção.

A terceira verdade é: Todo homem é o seu próprio legislador, o dispensador de glórias ou tristezas para si mesmo, o determinador de sua vida, de sua recompensa e de seu castigo.

Estas verdades, tão grandes como a própria Vida, são contudo tão simples como a mais simplesmente humana. Alimentai os famintos com elas.

Discreta e persistentemente, em meio de circunstâncias ora favoráveis ora as mais das vezes adversas, há sessenta e cinco anos vem o Círculo Esotérico espalhando estas profundas verdades sob variados estilos, já que são as únicas capazes de mudar a sorte do mundo e arrancá-lo de suas infinitas agonias.

Através de sua bem selecionada literatura, da atuação dinâmica e inteligente de seus Tattwas, *da conduta positiva e construtiva de seus filiados e da prática cotidiana e pontual de sua corrente esotérica mental, vem o Círculo Esotérico operando nesse sentido. Não o faz porém com espírito estreito e sectário para benefício apenas de seus filiados, mas num amplo âmbito mundial, com a mente e o coração postos no bem-estar de nosso vasto país e de todos os demais povos.*

A realidade do início do século XX, e mesmo a do início da sua segunda metade, praticamente desapareceu diante do caos que o mundo agora vive. Os anos 1960 trouxeram nobres ideais sobre o pacifismo e a igualdade, sobre o fim dos preconceitos e sobre a aceitação democrática das diferenças.

No entanto, como sabemos, o ser humano está sujeito a falhas; e enormes excessos já haviam ocorrido em nome da liberdade.

Uma das coisas que muda drasticamente é o casamento. Por causa de tantas mudanças culturais, a união do casal, ou sua desunião, ocorre de forma muito diferente da que ocorreu até a primeira metade do século XX.

Na sua coluna "Hei de Vencer", de outubro de 1974, Cinira Riedel escreve sobre o matrimônio e o divórcio, apontando os princípios espirituais do casamento e como os relacionamentos estão se sucedendo na sociedade da época:

Cinira Riedel, em discurso no Salão Nobre

Atualmente o matrimônio pede o divórcio; a juventude está desajustada, e a paz a todo o instante amedrontada pela guerra. Conclamamos os homens de boa vontade a que melhorem as condições do mundo, porém isto não basta. Diante do caos em que se debate a Humanidade, a boa vontade nada mais é do que um artifício, e mesmo uma ilusão. Que podem fazer os homens de boa vontade, diante da situação econômica e social que conturba o mundo? Quase nada. Embora seus corações estejam cheios de boa vontade, falta-lhes a "Sabedoria", que é "Amor Universal", e buscam em interesses particulares e especializados resolver as questões mundiais.

Faz-se mister aumentar o número dos homens de boa vontade; políticos desinteressados, que atuem impessoalmente; religiosos fiéis à sua religião; e estadistas amantes do seu povo; cidadãos amantes do trabalho, para que os "Sábios" apareçam e não sejam escorraçados, como o foram Cristo e muitos outros.

E ao esoterista e espiritualista em geral cabe o dever de auxiliar a Humanidade a viver com nobreza e decência, a defender o fraco, e estimular o poderoso para que ele compreenda qual é o seu papel no mundo.

O matrimônio deixou de ser um ato sagrado, unindo duas almas pelo amor, com o objetivo de, resolvidas a fazer certos sacrifícios de preferências pessoais, intensifi-

carem sua vida interna de maneira a transmitir ao mundo maior quantidade de energia espiritual do que se estivessem separadas. Além disto, terão o privilégio de proporcionar corpos às almas que desejem encarnar-se em ambientes favoráveis à sua evolução.

Não podemos dizer que não existem mais matrimônios com tal objetivo, mas as condições sociais do mundo estão de tal forma materializadas, que poucos conseguem cumprir verdadeiramente esta missão.

Como o karma da Humanidade atual é ainda muito pesado, o melhor meio para se evitar esta verdadeira catástrofe, a desunião entre casais, seria fazê-los conhecer as leis do karma e da reencarnação, para se tornarem conscientes de seus atos, agindo com prudência, livres dos impulsos da juventude. Muitas vezes um ato praticado aos vinte anos pode levá-los a arrependimentos tardios, quando se tornarem conhecedores destas leis.

Quantas pessoas adultas hoje se arrependem de atitudes impulsivas da juventude; vítimas delas, sofreram consequências desastrosas para si e para os seus. Mas se a juventude conhecesse estas leis, pensaria melhor antes de assumir o compromisso matrimonial e seria capaz de vencer as dificuldades daí decorrentes.

Esse tema — sexo, casamento e assuntos a eles relacionados —, é tratado de modo bastante diverso por outras ordens ou instituições espirituais, como no caso dos seguidores de Bhagwan Shree Rajneesh (que, depois da segunda metade da década de 1980, passou a ser conhecido como Osho).

O movimento Rajneesh via principalmente o sexo de maneira livre, muito diferente do modo tradicional do Ocidente. Usando termos como "orgasmo cósmico", o autor do *best-seller Do Sexo à Supraconsciência*, lançado no Brasil pela Editora Cultrix, é chamado erroneamente de o "guru do sexo". Rajneesh, na verdade, diz que a energia criativa pode ser elevada do chacra sexual até níveis superiores, por meio do sexo tântrico. O primeiro "templo" Rajneesh é aberto em São Paulo, no bairro do Brooklin, em 1976, pelo diretor de teatro Mário Piacentini.

Também chegam outros movimentos espiritualistas orientais, como o movimento Hare Krishna e a meditação transcendental, de Maharishi Maresh Yogui.

E começam a ganhar fervorosos adeptos alguns grupos espiritualistas que surgiram em décadas passadas, como a Cultura Racional, que mistura ideias messiânicas com extraterrestres; tem em suas fileiras pessoas famosas, como Tim Maia, por exemplo.

Nessa época também surgem no Brasil grupos espiritualistas que mostram uma face menos hermética do conhecimento dos *mahatmas*, ou seja, os adeptos que guiaram o conhecimento de Madame Blavatsky para que ela escrevesse *A Doutrina Secreta*.

Os Mestres Ascensionados, como são chamados esses adeptos, trazem uma síntese de todo o conhecimento esotérico, por meio da energia dos Sete Raios — Tarefas ou Forças Energéticas —, que contêm em si uma forma de contribuição para a evolução espiritual do planeta. Comunicam-se com "médiuns" que "canalizam" de modo mais consciente, e não em transe, as mensagens espirituais que servem de base aos ensinamentos de tais instituições.

Uma delas, a Ponte para a Liberdade, surge em Porto Alegre na primeira metade da década de 1970. Seu início se dá pelas mãos da Sra. Silvina Rohde Diederichs, que pede os direitos de tradução das obras para a língua portuguesa à instituição original The Bridge to Freedom Inc., de Long Island, Nova York.

Assim o Brasil conhece o movimento espiritual da Fraternidade Branca e seus Mestres Ascensionados — um conhecimento que o Círculo já possuía, através da teosofia e dos ensinamentos de Van der Nailen, que permeavam a revista *O Pensamento* desde o seu início.

A diversidade de locais onde se buscar uma instrução espiritual pura e verdadeira se expande a cada ano que passa. O cerne de muitos desses locais é o mesmo: o desenvolvimento do Eu Superior ou, como dizem os grupos que estudam os ensinamentos espirituais dos mestres ascensionados, trazer a "viva presença" do EU SOU para a vida cotidiana.

Em meio a tantas opções, diversidades e adversidades, o Círculo Esotérico da Comunhão do Pensamento comemora, em 1979, o primeiro centenário de nascimento de seu Patrono Fundador, Antonio Olivio Rodrigues.

Por uma extrema sincronicidade, a assinatura da Anistia pelo presidente Figueiredo ocorre justamente no dia 27 de junho: 70 anos do Círculo, centenário do nascimento do Fundador e uma anistia política, assinada pelo quinto e último general presidente da ditadura militar, que dominou a vida brasileira por 21 anos. É uma data a ser realmente comemorada!

Diaulas encerra o seu discurso falando dos dissabores que ocorrem no Brasil e das dificuldades pelas quais o Círculo passa depois de tantas décadas trabalhando para o bem de toda a humanidade:

Toda atividade humana é uma amálgama de triunfos e fracassos, e nós também não podemos fugir a essa lei. Os fracassos acaso despontados em nossas atividades os devemos mais às nossas deficiências pessoais e materiais, e os triunfos que sem dúvida pesam em nosso crédito os devemos sobretudo à valiosa e sempre presente assistência que mercê de Deus nunca nos faltou dos Poderes do Alto e à decidida cooperação de todos os Tattwas, Irmãos e Simpatizantes, que temos recebido e esperamos poder continuar a receber. A todos eles, pois, expressamos aqui os nossos muito sinceros agradecimentos, e o veemente desejo de que sempre nos mantenhamos unidos e ativos para que melhor possamos enfrentar o incerto futuro que nos aguarda e levar triunfalmente avante a grande Causa que indissoluvelmente nos une.

Diaulas sabe que grandes transformações estão ocorrendo na Ordem, mas a Editora Pensamento precisa muito de sua presença para acompanhar as mudanças culturais em suas linhas de publicação.

Em 1980, ele lança a edição completa de *A Doutrina Secreta*, de Blavatsky, até então inédita no Brasil; e, em 1981, a revista *O Pensamento* passa a ser uma publicação bimestral.

Em meio à crise financeira que o país enfrenta, sacrifícios como esse têm de ser feitos para a editora poder continuar a publicar livros das mais diversas áreas da espiritualidade universal, continuando assim a inspirar todas as pessoas que buscam ampliar a compreensão de si mesmas, da vida e do mundo em geral.

Com o Movimento Diretas Já!, que pede o fim da ditadura, em 1984, muitas coisas vão mudar, não apenas no meio político e social.

Distanciado do Círculo Esotérico, comparecendo apenas para resolver as situações que exigem a sua presença e para presidir a solenidade de 27 de junho, Diaulas abre mão de seu cargo de delegado geral da Ordem, por um motivo que não pode mais esperar: remodelar o catálogo da Editora Pensamento e ajustar o catálogo da Editora Cultrix à filosofia da editora-mãe, para continuar sendo o maior divulgador do esoterismo no Brasil.

Uma nova consciência está surgindo; uma sutil ligação entre ciência e espiritualidade vai gerar uma nova era, uma nova busca de respostas e de renovação do conhecimento humano. O CECP parte então para uma nova fase de interiorização. Cumpriu muitas das coisas que AOR sonhou em seu início.

O pensamento esotérico ganha finalmente as massas, sendo descoberto por muita gente que nunca tinha ouvido falar de astrologia como uma ciência, de mentalismo, de mestres ascensionados, etc.

A Ordem ressurge revigorada apenas no final do século, para sintetizar o conhecimento espiritual e trazer uma nova e mais profunda luz relacionada à espiritualidade universal e à ampliação do potencial humano, numa época de ceticismo, descrença e materialismo extremos, em que o culto ao ego passa a ser a grande preocupação da maioria das pessoas.

Uma nova missão aguarda o novo despertar do Círculo Esotérico da Comunhão do Pensamento e o seu quarto delegado geral.

CAPÍTULO

XI

Anjos, Astrologia, Numerologia, Magia, Mentalismo,
Mestres Ascensionados — O Círculo Esotérico da Comunhão
do Pensamento e sua Profética Visão do
Movimento da Nova Era — Sincretismo Religioso
e Renascimento Espiritual — Síntese para o Novo Milênio

O Círculo é um instrumento de Nova Era, um instrumento de abertura da consciência.
Muito íntegro por não dizer que criou esses ensinamentos, mas que os revelou;
e ainda incentiva cada um a seguir o seu caminho espiritual da melhor forma possível.
— Élcio Lima

Depois das (hoje históricas) greves dos metalúrgicos no ABC paulista e do fim do bipartidarismo, a oposição vence nas urnas em 1982. Entre esse ano e o de 1984, os opositores políticos — juntamente com intelectuais, artistas, alguns setores da Igreja e lideranças sindicais, estudantis e jornalísticas — lançam o movimento pelas "Diretas Já!", isto é, pela redemocratização do Brasil, com eleições diretas para presidente.

Sob a liderança de Ulysses Guimarães, Leonel Brizola, Miguel Arraes, Lula, Eduardo Suplicy e Tancredo Neves, entre outros, comícios monstros são realizados em todo o Brasil, pedindo o fim da ditadura militar, que já completa 20 anos.

Em São Paulo, em abril de 1984, uma grande passeata sai da Praça da Sé em direção ao Vale do Anhangabaú, onde ocorre o maior comício do movimento, com 1,5 milhão de pessoas. (Ainda é a maior manifestação pública da história do Brasil.)

Uma nova era surge então em nossa política. Mas não apenas na política; também na maneira de se praticar a espiritualidade em todo o país. O Movimento da Nova Era teve manifestações no Brasil nas décadas anteriores, mas não com um sincretismo e uma popularidade como os que começam a ocorrer a partir do início dos anos 1980. Encontros de comunidades já aconteciam no final da década de 1970,

Trigueirinho e o Novo Esoterismo

José Hipolito Trigueirinho Netto, autor e filósofo espiritualista, tornou-se um dos maiores fenômenos literários da época. Com uma série de 75 livros, atualizou todo o conhecimento espiritual anterior, proporcionando uma melhor compreensão da nova fase que se iniciou para a raça humana e para o planeta Terra, como um todo, a partir de 8 de agosto de 1988 (8/8/88).

Trigueirinho nasceu em São Paulo, mas residiu na Europa por vários anos, onde manteve contato com seres evoluídos no caminho espiritual, entre os quais Paul Brunton. Foi colaborador do famoso periódico *Revista Anhembi*, surgido no início dos anos 1950, além de ser um dos precursores do Cinema Novo, pela direção do filme *Bahia de Todos os Santos*, de 1961, que exerceu grande influência sobre Glauber Rocha.

Diaulas já conhecia Trigueirinho antes de lançar suas obras. Eles mantinham uma constante troca de informações sobre diversos assuntos de cunho espiritual, sobre naves extraterrestres, sobre realidades internas da vida, etc.

Com a publicação da trilogia das civilizações intraterrenas — *Erks: Mundo Interno*, *Miz Tli Tlan: Um Mundo que Desperta* e *Aurora: Essência Cósmica Curadora* — Trigueirinho tornou-se amplamente conhecido, mas também gerou controvérsias, como sempre!

Alguns meios de comunicação atacaram seu discurso sobre contatos com extraterrestres, mas, como a justiça é sempre poética, isso fez com que os livros que tratavam desse tema vendessem ainda mais. Tamanha foi a demanda dessas obras na época, e continuam até hoje, que a Pensamento passou a publicar edições de bolso em parceria com a Nova Cultural para serem comercializadas em bancas de jornal; e também edições com encadernações especiais para serem vendidas pelo sistema de assinaturas, através do Círculo do Livro.

Na mesma época, seu livro *Hora de Crescer Interiormente: O Mito de Hércules Hoje* também ganhou edições nesses dois formatos.

Toda a sua obra foi vertida para o espanhol e lançada pela "irmã espiritual" da Pensamento, a argentina Editora Kier. E, gradativamente, seus livros também estão sendo vertidos para os idiomas inglês, francês e alemão.

Somente em português e espanhol foram vendidos mais de 2,5 milhões de exemplares dos livros de Trigueirinho. E a grande maioria dos seus temas está hoje reunida em palestras que somam mais de mil CDs gravados ao vivo, publicados pela Associação Irdin Editora.

mas, em 1981, surge o Centro de Vivências de Nazaré, na cidade de Nazaré Paulista, interior de São Paulo. Dele participam José Trigueirinho Netto e Sara Marriott, antiga residente da comunidade espiritualista escocesa Findhorn. (Depois da saída de Trigueirinho, em 1987, o centro permaneceu sob a coordenação de Sara. Trigueirinho fundou, em Carmo da Cachoeira, Minas Gerais, a Fazenda Figueira, que se tornaria um marco na história da busca espiritual no Brasil e no mundo. Ele sintetizou antigos conhecimentos e criou uma comunidade exemplar, na qual uma nova busca de contato com o íntimo do Ser teve espaço a fim de dar sustentabilidade à vida que, no futuro, semeará a Terra com sabedoria espiritual e cósmica.)

O termo "Nova Era" já era usado desde meados da década de 1960 pela cosmologia astrológica (baseada na ciência astronômica e relacionada ao fenômeno da precessão dos equinócios), que afirmava que o planeta estava saindo da Era de Peixes e entrando na Era de Aquário — como diz o refrão da música *Aquarius*, do musical *Hair*, "*this is the dawning of the age of Aquarius*" [esta é a aurora da Era de Aquário].

Esse movimento também é impulsionado por antecedentes culturais, como o livro, filme e disco *Fernão Capelo Gaivota* (*Jonathan Livingston Seagull*). Já apontando para essa direção, o livro, de autoria de Richard Bach, tornou-se uma grande influência para o Movimento da Nova Era. Com uma terminologia *sui generis* e um sincretismo absolutamente necessário entre ciência, filosofia e religião, a Nova Era não deixa de lado as ciências marginais, como a parapsicologia e a ufologia. Possui um estilo musical próprio, que oscila entre a música oriental, voltada para a meditação, o *soft jazz* e a música eletrônica de artistas como Kitaro e Vangelis. O gênero tem também seus próprios autores literários, cujos primeiros expoentes são Ken Carey, com *Transmissões da Estrela-Semente*, e Sara Marriott, autora de vários livros, entre os quais *Ritmos da Vida* e *Uma Jornada Interior*, que são lançados pela primeira vez no Brasil pela Pensamento.

Uma explosão de vendas dos gêneros que há décadas a Pensamento publicava ocorre com a renovação do interesse em certos assuntos que antes não estavam vinculados a temas espiritualistas, como, por exemplo, as sagas arthurianas.

Em 1986, a Editora Imago publica *As Brumas de Avalon*, de Marion Zimmer Bradley, em quatro volumes, renovando assim o interesse pelas lendas do rei Arthur e os cavaleiros da Távola Redonda. Essa obra influencia bastante o gosto do público brasileiro: impulsiona a divulgação no Brasil de uma religião neopaganista, fortemente influenciada pela tradição céltica, denominada Wicca; causa o lançamento de dezenas de títulos no país, por diversas editoras.

O ano de 1987 é aquele em que Paulo Coelho chega ao topo das listas de mais vendidos, com a publicação de *O Diário de um Mago*, pela Editora Rocco. O livro transforma-se rapidamente em um fenômeno editorial, vendendo milhares de exemplares e sendo traduzido para vários idiomas. (Paulo Coelho entrou para o *Guiness Book* em 1994, como o autor que permaneceu mais tempo nas listas de mais vendidos em todos os tempos: 208 semanas, ou seja, quatro anos.)

Dentro desse "caldeirão neoesotérico", aberto a vários tipos de experiências relacionadas à nova espiritualidade aquariana, surge um importante centro de estudos ligado ao trabalho dos Mestres Ascensionados: a Fraternidade Pax Universal, fundada em São Paulo, em abril de 1985, por Carmem Balhestero. Em suas reuniões semanais são feitas irradiações mentais pela "Paz e Cura Universais", com a Chama Verde (da cura), a Chama Violeta (da transmutação de mestre Saint Germain) e a Chama Dourada (da iluminação), para ajudar na purificação do karma planetário negativo, transformando-o em Luz.

O que acontece realmente nesse momento é, nada mais, nada menos, que uma síntese popular de todos os movimentos espiritualistas que fixaram raízes na cultura brasileira décadas antes. E o Círculo Esotérico foi o "pai e a mãe" de todos eles. A diferença entre esses movimentos e o CECP é que os primeiros seguiam uma determinada linha da espiritualidade universal, a partir de um tema específico, como o dos Mestres Ascensionados, por exemplo, enquanto, para a Ordem, isso é apenas uma faceta do conhecimento esotérico que propaga.

Segundo esse enfoque, o Movimento da Nova Era seria apenas mais um fruto do corajoso e pioneiro trabalho do Venerável Irmão AOR e do CECP. Se não fosse o Círculo, a Editora Pensamento, o Consultório Brasil Psychico-Astrológico, a revista *O Pensamento* e o *Almanaque do Pensamento*, o Movimento da Nova Era teria ficado órfão de muitos de seus principais objetos de estudos esotéricos e espiritualistas.

* * *

Com toda essa "efervescência", que a cada dia reúne mais e mais pessoas em torno desses novos caminhos de busca do sagrado, a Editora Pensamento cresce rapidamente a fim de atender a demanda de novos títulos que abasteçam esse mercado potencial.

Diaulas vê nesse movimento uma oportunidade de oferecer uma literatura de boa qualidade e dar uma séria contribuição nesse importante momento do pensamento espiritualista brasileiro.

Mas, como coincidências não existem, o Círculo também inicia um movimento interno para que outra pessoa ocupe o cargo de delegado geral. Depois de várias reuniões com Diaulas, surge o nome de um filiado que ocupa um dos cargos de Vogal, Dirceu Pinheiro. Ele é então eleito delegado geral, assumindo o cargo em 23 de abril de 1985.

Dirceu Pinheiro conta como entrou para o Círculo Esotérico (em uma entrevista concedida especialmente por ele e Valdir Caldas, gerente administrativo da Editora Pensamento-Cultrix para este livro):

Eu tinha um tio, falecido, que se chamava Silvestre Nascimento — faço questão que esse nome seja gravado porque ele foi um ícone no Círculo. Eu admirava esse homem pelo seguinte: era um trabalhador e, se soubesse que um chefe de família estava passando necessidade, ele comprava mantimentos e ia lá; eu fui muitas vezes com ele. Quando atendiam, ele dizia: "Tem uma caixa aqui para vocês...". Ele largava a caixa lá e ia embora. Ajudava todo mundo, mas ele era assim. [Se] tinha um falecimento na família, ele fazia questão de pagar o sepultamento e todas as despesas. Era um homem admirável, esperto, inteligente e bondoso.

Diaulas passa seu cargo de delegado geral do Círculo Esotérico para Dirceu Pinheiro

Uma vez eu o vi dando um livro para uma senhora, dizendo: "A senhora precisa se associar a essa sociedade para aprender a pensar direito." O mesmo livro que deu a ela deu a mim também; era a revista O Pensamento. *Pensei comigo: "É aqui que ele aprende isso...". Então vim até a Rua Rodrigo Silva, fiz a minha inscrição — que foi com a Matilde — e me filiei ao Círculo Esotérico. Logo depois recebi o material, e já estava lendo quando fui à Praça São Paulo esperar meu tio chegar. Quando ele chegou, eu disse: "Agora eu pertenço à sua sociedade!" Ele entrou junto comigo e comecei a frequentar o Círculo Esotérico.*

Filiado à Ordem desde o início da década de 1960, Dirceu quer saber o que é mais necessário e urgente fazer pela instituição. Mas ao perceber que as principais mudanças não podem ser feitas de qualquer modo, ele inicia uma extensa pesquisa nas várias áreas da Ordem, tais como setor administrativo e contábil, contato com os *tattwas*, instalações nos edifícios, impressão da revista *O Pensamento*, angariação de fundos e, principalmente, o resgate do conhecimento espiritualista, acumulado em 76 anos de história da revista, e do tesouro literário da Biblioteca do Círculo Esotérico.

Tarefa hercúlea para um homem só, mas Dirceu conta com a ajuda de todos os membros da diretoria, que permanecem inicialmente nos cargos que ocupam, a pedido do novo delegado geral.

Grande parte dessa verdadeira odisseia, que foi fazer um verdadeiro inventário do estado do CECP, pode ser avaliada pelas palavras de Dirceu:

Fachada do prédio da biblioteca do Círculo Esotérico

A primeira iniciativa que eu tomei, com documento oficial, foi o pedido de tombamento do prédio da Rua Dr. Rodrigo Silva, nº 85; foi o primeiro ato oficial que eu fiz porque fiquei preocupado com a especulação imobiliária [...] Vai que querem derrubar esse prédio como fizeram com o prédio da Torre [...] É a única sede que o Círculo tinha.

E também nós estávamos preocupados com o que poderia estar acontecendo com os tattwas em todo o Brasil. Eu passei a visitá-los, e corri o Brasil quase todo, no anonimato, verificando o que estava acontecendo. Em Guaratinguetá, chegamos num tattwa — eu e minha esposa —, e eu disse ao porteiro que queríamos participar da reunião, pois eu era filiado em São Paulo, mas não disse meu nome. Havia uma grade na porta de entrada do tattwa e nos mandaram ajoelhar antes de entrar; eu estranhei aquela atitude, mas nos ajoelhamos. Em seguida nos disseram: "Ela pode entrar, mas o senhor vai ter que esperar um pouco, porque o senhor está endemoniado". Fiquei surpreso porque isso não acontece no Círculo Esotérico.

Bom, eu sentei e aguardei. Cinco minutos depois eu disse: "Minha mulher está aí dentro e eu aqui fora, como é que fica?". O cidadão mandou aguardar mais um pouco e me mandou entrar; essa foi a única vez em que eu me apresentei num tattwa. Começou a reunião [...] quase na metade, eu notei que faltavam várias coisas: estava sem nivela, liam textos do Evangelho, discussões [...] Não tinha nada do ritual do Círculo; nem Chave de Harmonia, Consagração do Aposento, absolutamente nada a ver.

Eu pedi licença e disse: "Para!". Perguntaram-me: "Para, por quê?"
Eu disse: "Para porque isso não é ritual do Círculo Esotérico!"
Perguntaram-me: "Quem é o senhor?"
Eu respondi: "Eu sou a pessoa que pode fechar isso aqui agora! Meu nome é Dirceu Pinheiro, presidente e Delegado Geral da Ordem. Estou aqui no anonimato para saber como as coisas funcionam; e, em todas as minhas visitas, nunca vi tamanho absurdo".

Eles ficaram nervosos, foi um corre-corre, e acabou a reunião. Depois, conversando com o presidente por mais tempo, cheguei à conclusão que eles não tinham a menor ideia do que era o Círculo Esotérico [...] Foram pegando as coisas de segunda mão e não sabiam nada. Não erravam de propósito, mas por pura ignorância. Esse é mais um tópico de por que o esoterista tem que ter a sua casa, para manter a egrégora.

E sobre a transferência definitiva da revista *O Pensamento* para o Círculo, Dirceu responde que "Sim" à nossa pergunta: "Na época, a revista *O Pensamento* já havia sido doada para o Círculo?". E Valdir Caldas acrescenta:

Foi no final de 1984. Foram feitas as transferências dos direitos e obrigações da revista para o Círculo porque, até aí, era uma propriedade da Editora Pensamento, porém órgão oficial de divulgação do Círculo; a partir de 1984 é feita a doação jurídica.

Dirceu prossegue:

Então nós começamos a editar a revista O Pensamento, *até que um dia o Diaulas falou para mim: "Dirceu, a partir desse mês que entra você tem que se 'mexer' com suas próprias pernas. A Editora O Pensamento não vai mais editar a revista para você, não vai mais ajudá-lo". Foi um baque. Eu não conseguia enxergar a posição do Diaulas naquele momento, sinceramente. Mas hoje, eu reconheço que ele fez a coisa certa porque senão eu ficaria sempre pendurado àquela situação com a Editora, e o Círculo não evoluiria por si próprio.*

O Valdir me disse para ficar sossegado, que quanto ao papel, às indicações, ele continuaria me dando apoio. E o meu tio Silvestre Nascimento, que me levou para o Círculo por volta de 1960, me apresentou um amigo que tinha muitos anos de revista Manchete; quando ele viu a revista O Pensamento, *disse que era fácil [...] fazíamos a linotipagem com um rapaz chamado Justiniano [...] Então foi fácil acomodar as coisas e dar continuidade à impressão da revista* O Pensamento.

[...] nós temos vários livros do Círculo que precisam ser resgatados — livros de orientação esotérica que estão nas prateleiras da biblioteca do Círculo; mas era preciso montar uma editora para que o Círculo pudesse editar e recuperar os livros [...]

E assim surge a Editora Lorenz, para lançar apenas obras antigas e clássicas, ligadas à filosofia do Círculo Esotérico. Vale lembrar que alguns dos títulos reeditados — originalmente, foram lançados pela Editora Pensamento — são raridades absolutas, como a antiga coleção do Instituto de Sciencias Herméticas e as obras não creditadas *Noções de Simbologia Esotérica, Forças Ocultas* e *Curso de Iniciação Esotérica*.

Valdir Caldas, o secretário geral nessa época, complementa as informações de Dirceu:

Uma coisa que deve ser salientada é o motivo da fundação da Editora Lorenz. Todas as publicações, todos os livros utilizados em cursos e prêmios dentro do Círculo, eram de propriedade da Editora [Pensamento] porque somente uma editora poderia ser dona de direitos autorais. Então havia a necessidade da criação de uma editora do Círculo — a Editora Francisco Valdomiro Lorenz [fundada em 14 de maio de 1990] —, para que essas publicações pudessem vir para as "mãos" do Círculo definitivamente; não pertencendo mais a uma empresa comercial, como é a Pensamento até hoje. Então a Editora Pensamento não mais compraria os direitos autorais, não mais publicaria os livros do Círculo Esotérico. Essa era uma maneira de forçar o Círculo a ter sua editora. E um detalhe: com a desvinculação da editora do Círculo, muitos serviços que eram prestados pela Editora [Pensamento] — o contador do Círculo era o mesmo da editora; os auxiliares de escritório do Círculo eram funcionários da editora; além do serviço de expedição da revista O Pensamento, *que era enviada bimensalmente aos filiados; a redação, a revisão, a impressão, era tudo feito pela editora; os redatores eram José Paulo Paes, Diaulas Riedel — [deixam de ser prestados] Assim, todo o lucro gerado pela [nova] editora passaria para o Círculo; era uma fonte de renda para ele começar a fazer frente às despesas, sem depender única e exclusivamente da mensalidade e da anuidade dos filiados. Foi desse modo que se criou a Livraria e Editora Francisco Valdomiro Lorenz, contratando funcionários novos, como funcionários do Círculo. Essa foi a mentalidade da Editora Pensamento e, digo mais, a mentalidade de Diaulas Riedel, o dono da Editora Pensamento.*

Sobre as obras reeditadas pela nova editora, há uma interessante história contada por Dirceu sobre a coleção do Instituto de Ciências Herméticas:

O Curso de Ciências Herméticas *tem dez volumes [...] e nós tínhamos aqui na Mooca um* tattwa *que era presidido pelo José Debier. Ele possuía uma biblioteca tão grande quanto a do Círculo na casa dele. Um dia, ele me liga e diz que queria marcar uma audiência comigo. Eu disse que não havia isso de marcar, "é só avisar e vir, que nós vamos conversar". Ele tinha 90 anos. Ele chegou e disse: "Agora que nós temos a editora Prof. Francisco Valdomiro Lorenz, estão aqui os dez volumes do* Curso de Ciências Herméticas *para que você imprima, para que os filiados possam utilizá-lo*

também." Porque não estavam todos aqui; estava um num tattwa, *outro noutro [...]
Só que essa coleção era numa escrita muito antiga e precisava passar por uma revisão;
chamamos algumas pessoas para revisar, mas não deu certo. Um dia eu vou ao* tattwa *de Santos e me apresentam um rapaz que era estudante seminarista e professor na
Faculdade de Santos; ele tinha um volume e queria saber como conseguir os outros.
Dois meses depois, ele me liga pedindo trabalho de meio período; além de fazer trabalhos remunerados para o Círculo, ele gostaria de revisar todos os dez volumes do* Curso de Ciências Herméticas. *E foi assim que eu editei o curso.*

Valdir complementa as informações de Dirceu:

*Era o meu intuito ajudar o Círculo a se desenvolver, para pôr em prática, porque a
administração do Círculo era uma administração fria. O meu papel como filiado e secretário do Círculo Esotérico era auxiliar o Dirceu em todos os sentidos; não só na
parte administrativa, mas participar com ele, ajudando, e não orientando, mentalmente, espiritualmente e, às vezes, até materialmente a desenvolver todo aquele trabalho que o Dirceu, como delegado e presidente geral, trazia para dentro do Círculo. O
Círculo estava num casulo, com uma administração pesada; tudo era dirigido por
uma única pessoa. Quando o Dirceu veio, houve uma explosão, como se fosse um
afloramento de todas as ideias, um afloramento da vontade de Antonio Olivio Rodrigues, na construção do prédio; os planos dele em relação a isso.*

* * *

Resgatar os ideais históricos da Ordem por meio de sua memória — com todas as ações descritas acima —, parecia ser essa a missão do novo Delegado Geral.
Pois Antonio Olivio Rodrigues deixou um imenso legado, que ao longo do tempo e
das mudanças sociais, culturais e políticas, foi adormecendo.

Muitas das ações de Dirceu Pinheiro visam resgatar o "espírito empreendedor"
de AOR a fim de reacender a chama espiritual da Ordem.

Desde a inauguração do novo Salão Nobre, em 1973, no bairro da Mooca, essa
região mudou muito. Com o crescimento acelerado e desordenado de São Paulo,
transformando-se de metrópole em megalópole, veio também um aumento das de-
sordens sociais e da criminalidade.

Esse é um dos fatores que "esvaziam" o Círculo Esotérico, pois os filiados e os
delegados dos *tattwas* deixam de comparecer em massa nas reuniões do dia 27.
Assim, o interesse pela Ordem vai se encolhendo. E, como a prefeitura paga uma indenização mais baixa que o esperado pela desapropriação do Prédio da Torre,
torna-se impraticável a aquisição de um terreno no centro da cidade. Mas para recuperar a era de ouro do CECP, um antigo projeto de AOR é, sem querer, revivido por

Antigo projeto idealizado por AOR:
Edifício O Pensamento

Dirceu Pinheiro: a construção do Edifício O Pensamento. Uma obra de 16 andares, que reuniria todos os setores da Editora Pensamento — incluindo a redação da revista e a livraria — e os do Círculo Esotérico.

Esse foi um grande sonho na vida de AOR, que provavelmente não o concretizou por ter "partido" muito cedo desta vida. Mas, com espaços físicos separados desde 1972, a Editora Pensamento não faria parte desse projeto, pois possuía prédio próprio desde 1979, no bairro paulistano do Ipiranga.

Cabia então ao idealismo de Dirceu fazer uma grande campanha para concretizar o projeto de levar novamente para o centro da cidade o Salão Nobre da Ordem e juntar, num mesmo edifício, a livraria, a Editora Lorenz e os escritórios do Círculo, deixando no prédio de nº 85 da Rua Rodrigo Silva apenas a biblioteca, a sala de meditação e um espaço no térreo, para, quem sabe, fundar um museu da Ordem esotérica mais antiga do Brasil.

A partir da construção de um prédio ao lado do nº 85 da Rua Rodrigo Silva, Dirceu e Dona Matilde Cândido têm algumas ideias sobre a reforma e uma possível ampliação do prédio da biblioteca, indo então falar com o engenheiro responsável pela obra.

Dirceu nos conta como esse fato ocorre:

AOR tinha a ideia de fazer esse edifício. Eu e a Matilde víamos a construção do prédio ao lado e eu quis conhecer o engenheiro. Pedi para ele reformar o salão, mas ele disse que o local não teria estrutura para uma ampliação; e ele deu a ideia de construir um prédio novo, inclusive com acomodações para hospedagem. Nós fizemos um acordo com a prefeitura para liberar o "habite-se" do edifício, construímos doze casas e distribuímos para pessoas carentes.

Fizemos uma reunião na prefeitura, junto com quinze arquitetos, e todos foram unânimes na aprovação do projeto.

Do Círculo Esotérico, participaram dessa reunião o Dr. Hamilton e eu. Então o edifício seria construído com as seguintes acomodações: dois subsolos de garagem (o estacionamento veio depois); no térreo, uma escada que levaria para o Salão Nobre; à parte do hall de entrada, seriam construídas lojas; a livraria viria para aquele prédio; xerox, tudo se concentraria ali. Depois do Salão Nobre, duas escadas de acesso para os mezaninos; depois, outro auditório em cima, que permitiria retransmitir a reunião através de um telão, para poder acomodar todas as pessoas. Nesses espaços não era possível reunir mil e duzentas pessoas, mas em torno de setecentas, oitocentas pessoas, ele comportaria [...] Teria também escola de astrologia e tudo aquilo que é do curso de ciências herméticas. Assim, movimentaríamos todo dia várias reuniões. Para filiados do Círculo teria benefícios, e para os visitantes que quisessem fazer cursos, um valor um pouco maior. E poderíamos locar o auditório para outras entidades fazerem reunião — não um sindicato, por exemplo, mas uma entidade que tenha correlação com a nossa. Teríamos um andar para a administração do Círculo e outro com suítes, para acomodar os presidentes e delegados dos tattwas *e os diretores; uma sala com consultórios para encaminhamento médico porque o Círculo tem vários médicos filiados que poderiam colaborar. Teríamos uma sala de reunião para a diretoria, a administração da revista O Pensamento e a editora.*

Para realizar o projeto, inicia-se uma grande campanha de arrecadação de fundos, em que os *tattwas* e os filiados buscam ajudar a Ordem a realizar esse antigo sonho de AOR e, ao mesmo tempo, iniciar um novo ciclo.

O terreno destinado a tão nobre projeto seria o de nº 40 da Rua Rodrigo Silva, o primeiro imóvel próprio da Ordem, e que também foi residência de AOR.

Logo depois das obras de demolição e terraplanagem, em 1992, quando o terreno já estava pronto para receber as fundações do novo edifício, a revista *O Pensamento* de maio/junho anuncia assim a concretização desse sonho:

Edifício "O Pensamento"

Impulsionado pela energia resultante da força mental dirigida pelos filiados do Círculo Esotérico da Comunhão do Pensamento, podemos hoje levar ao conhecimento dos nossos confrades o início das obras do Edifício "O Pensamento", no plano físico, marcado pelo cumprimento da primeira etapa, com a construção, já em fase final, das 12 (doze) casas populares, no Conjunto Habitacional Téxima, à Avenida Marechal

Tito, Córrego Tijuco Preto, destinadas a famílias faveladas da região de São Miguel Paulista, de conformidade com o compromisso firmado com a Prefeitura Municipal de São Paulo, na operação interligada, regida pelo Decreto nº 26.913, de 16/9/88, conforme já noticiado.

Paralelamente à execução do compromisso legal, informamos, ainda, que para as obras de construção do edifício, nosso objetivo principal, o Dr. Lauro Rios, engenheiro responsável pelo projeto de fundações, solicitou novas sondagens no terreno, executando dois furos que atingiram 67,00 metros de profundidade, para o assentamento de duas colunas laterais, que deverão suportar uma viga de 1.000 toneladas, necessária à segurança do edifício, para que o Salão Nobre tenha vão livre em toda sua área.

Com a ativação das providências anunciadas, em breve teremos a satisfação de informar aos prezados irmãos o lançamento da pedra fundamental do Edifício "O Pensamento".

Sempre é relevante destacar o auxílio material que o Círculo Esotérico tem recebido dos filiados e simpatizantes da filosofia mentalista, através de doações em dinheiro e em material de construção.

É um trabalho de equipe. Sentimos a força da Fraternidade Esotérica agregada na materialização do objeto já edificado nos Planos Invisíveis, registrando o poder construtivo da mente, em comunhão com a Mente Universal, sustentada no Ideal Superior Unificado da Harmonia, do Amor, da Verdade e da Justiça, em realização plena.

Cumpre-nos, ainda, informar aos irmãos que as contas nº 09.909-8 do Banco Itaú, agência 0725 (XV de Novembro) e nº 010.628-6 do Banco do Estado de Minas Gerais (Bemge), agência 040-0 (Liberdade) destinam-se exclusivamente ao recebimento de doações sob a rubrica "Auxílio Construção", respectivamente para as casas populares e o Edifício "O Pensamento".

O início das obras vai de 1989 ao princípio de 1990, e o lançamento da Pedra Fundamental, em 1994. (As atividades foram suspensas em 2004, depois de treze anos de esforços, por causa da envergadura de tal projeto e, infelizmente, por falta de recursos, a obra ainda está inacabada.)

No ano em que a construção tem início, uma perda irreparável é sofrida pelo Círculo Esotérico: Dona Matilde Cândido, que há décadas trabalha para a Editora Pensamento e presta serviços contínuos à Ordem, falece no dia 18 de junho, aos 85 anos. Nascida em 14 de março de 1907, Dona Matilde entrou para o Círculo quando foi contratada como secretária de AOR; trabalhou com ele do final da década de 1920 até fim dos seus dias; ao todo, prestou por mais de 60 anos importantes trabalhos para a Ordem. Uma singela e bonita homenagem lhe é feita pela revista *O Pensamento:*

Cartão Postal da Catedral da Sé. Ao fundo o Edifício O Pensamento, inacabado

Irmã Matilde

Homenagem à Querida Irmã Matilde Cândido

Mesmo sabendo que partiste,
Alma tão pura e celestial,
Tu, Matilde, deixaste saudades,
Imensa dor e emoções.
Longe parece estares
De nós, porém muito mais perto
Estás viva em nossos corações!

Conheci-te há 25 anos atrás...
Amiga, conselheira, meio calada...
Não se manifestava em nada,
Davas, porém, teu apoio moral.
Iluminavas nossas mentes,
Dando tudo de si,
O amor puro e fraternal!

Harmonia, você tinha
Amor você ofertava,
Verdade você vivia e
Justiça você fazia

Por isso, com o meu coração saudoso e agradecido, prest[amos]-lhe esta simples home-
nagem, tão simples quanto eu sou. Você merece muito mais, querida!

A Redação

Valdir Caldas, que ocupa por algum tempo o cargo de secretário geral da Ordem na gestão de Dirceu Pinheiro, chega a conhecer bem de perto Dona Matilde, carinhosamente chamada por alguns filiados de "a delegada", tanto por substituir Diaulas em muitas ocasiões como por seu temperamento enérgico quando se tratava de defender os ideais da Ordem.

Ele nos fala da importância da Irmã Matilde para o CECP:

[...] Irmã Matilde participava das reuniões da Diretoria, participava do Grupo de Estudo; e ela, lógico, sempre comentando, discutindo, pondo o Diaulas a par. Todas as Semanas Esotéricas eram coordenadas pela dona Matilde, que ajudava a montar, ia à cidade, ao tattwa; *ajudava a procurar um local para a reunião se o* tattwa *não o tivesse; ajudava a arrumar as instalações para que os membros de outras cidades e* tattwas *fossem ao Círculo; fazia o roteiro da Semana Esotérica.*

Muitas vezes, o Diaulas, devido à distância ou a outras atividades, não podia comparecer [então] ela ia e representava o Diaulas e todos os membros do Círculo. Ela era respeitada por todos e, por alguns, idolatrada, porque tinha dentro de si o verdadeiro espírito do Círculo Esotérico da Comunhão do Pensamento; que foi passado para ela por ninguém menos que Antonio Olivio Rodrigues. E ela sentia internamente a obrigação, o dever, de transmitir isso aos outros.

Muitas vezes, as pessoas achavam a Matilde "carrancosa", brava; mas não, ela tinha um zelo tão grande pelo Círculo que, quando via alguém fazendo alguma coisa errada, era dura, era ríspida, mas como se é com um filho quando se vê que ele está fazendo alguma coisa errada; [ela fazia] não por maldade, não por autoridade, e sim por orientação. Então ela era dura, mas sem perder a ternura. Quando você precisava dela, era a mãezona que o pegava no colo, o carregava e acariciava; mas também era a mesma mãezona que dava umas chineladas quando você fazia "arte". Era isso que muita gente não entendia.

Ela dedicou muitos anos da sua vida ao Círculo. Se aposentou [...] justamente numa época de transição, quando o Diaulas se afastou, a editora se afastou. Ela foi tão digna que chegou ao ponto de dizer: "Eu não preciso mais do meu salário e não preciso mais ter vínculo empregatício com a editora. Então a partir de hoje, eu me demito da editora e continuo trabalhando e prestando serviços ao Círculo". Mesmo o Diaulas dizendo que não precisava, que a editora teria o prazer de continuar honrando o seu salário, ela disse: "Eu não quero. A editora me foi válida, eu sou muito grata por tudo que ela fez, só que ela me deu condição de continuar agora sem esse vínculo. Hoje eu quero ser a Matilde, única e exclusivamente do Círculo Esotérico da Comunhão do Pensamento, até os últimos dias da minha vida."

A Matilde, em todas as reuniões, representava o delegado geral do Círculo. Ela era muitas vezes, inclusive, a delegada do Círculo — como nós brincávamos —, pela rigidez com que conduzia as coisas. Era a pessoa que cuidava de toda a parte espiritualista, esotérica e social. Todo o "coração" do Círculo era cuidado por ela. Ela só não tinha uma formação administrativa e não gostava de mexer com a parte financeira. A Irmã Matilde faleceu com quase 90 anos, mas quem a conhecia, não dizia que ela tinha toda essa idade. Segundo informações, ela entrou no círculo com 13 para 14 anos, e trabalhando com Antonio Olivio Rodrigues! Ela entrou para o Círculo por volta da década de 1930. Era secretária dele na editora, cuidando da parte burocrática; e também cuidava do Círculo Esotérico: das revistas, dos contatos, dar respostas aos filiados, acompanhar a criação de tattwas. *Ela ministrava cursos para delegados e dirigentes de* tattwas. *A editora custeava as despesas e ela visitava os* tattwas *de surpresa, dava uma "incerta" para ver como a coisa estava funcionando, se estava dentro dos padrões. Ela que preparava e enviava todo o material da Chave da Harmonia [...] Ela queria que os* tattwas *fossem um espelho do Círculo; e cobrava. Era muito severa.*

"O PENSAMENTO" EM EVOLUÇÃO

* * *

Mesmo com tantas modificações ocorrendo no seio da antiga Ordem, com alguns de seus principais artífices agora falecidos — como Diaulas e Dona Matilde —, o Círculo prossegue se renovando em sua contraparte espiritual.

Além das clássicas e tradicionais reuniões exotéricas (abertas às pessoas não filiadas) e esotéricas (apenas para filiados), da comemoração anual no aniversário da Ordem, do Grupo dos Doze e do "ritual" da Chave de Harmonia, começam a acontecer encontros com jovens, nos quais assuntos tradicionais da filosofia esotérica são discutidos em conjunto com temas ligados à espiritualidade moderna, tais como fenômeno da canalização, extraterrestres, intraterrenos e mensagens extraterrestres, entre outros. Essas reuniões acontecem sempre às quartas-feiras, no prédio da biblioteca, entre 19h30 e 21h.

Ampliando sua atuação em relação ao que outras sociedades espiritualistas fazem nesse momento de tantas opções e ofertas na busca do sagrado, o CECP, no Dia da Terra, abriga em seu Salão Nobre o I Encontro Público da UNISOES — União das Sociedades Espiritualistas, com a participação de várias instituições, tais como: CEEAS — Centro de Estudos Exobiológicos Ashtar Sheran, Centro de Raja Yoga Brahma Kumaris, Grupo Galacteus, Agenda Alternativa e Grupo Avatar, dentre outras.

Esse tipo de reunião só mostra que, depois de tantas décadas, os ideais inclusivos de AOR, isto é, sem qualquer preconceito em relação a novas práticas da espiritualidade universal, continuam preservados e, sobretudo, praticados.

Completamente sintonizada com a necessidade de união dos grupos espiritualistas do Brasil e também com o que ocorre no mundo, a revista *O Pensamento* publica em sua edição de setembro/outubro, uma mensagem de apoio ao Parlamento das Religiões Mundiais de Chicago, que ocorre no dia 4 de setembro e também para comemorar os cem anos do Parlamento Mundial das Religiões de 1893:

Mensagem de Apoio do Brasil para o Parlamento das Religiões Mundiais, 1993

Nós, grupos espiritualistas, filosóficos e religiosos do Brasil saudamos o Parlamento das Religiões Mundiais, 1993.

Considerando que o mundo se encontra num período crucial de sua história, caracterizado pela desintegração de valores nos relacionamentos entre nós e com o meio ambiente.

Considerando que a intolerância dos seres humanos na diversidade de doutrinas e metodologias de ordem religiosa ou espiritual tem sido uma das causas da confusão e conflito que assolam o mundo.

Acreditamos que estas diferenças são apenas superficiais, que muito pode ser resgatado daquilo que é verdadeiro e bom se nos conscientizarmos do terreno que temos em comum, convivendo com estas diferenças e cultivando princípios éticos como a tolerância e o respeito mútuo.

[...] Estamos comprometidos com uma atuação prática acima de qualquer crença ou dogma em particular, buscando gerar cooperação efetiva e recíproca entre todas as filosofias espiritualistas e religiões.

O ideal da nossa união se baseia na difusão da paz e amor incondicional, transcendendo todas as fronteiras através do serviço fiel e desinteressado a todos os seres.

São Paulo, Brasil, 17 de julho de 1993
Centro de Raja Yoga Brahma Kumaris
Círculo Esotérico da Comunhão do Pensamento
Ananda Marga
Fé Bahá'i
Federação Espírita
Prema Sai
Rosa-Cruz Antiqua
Sol Sirius
Sociedade Teosófica
Templo Budista Nambei Honganji
Boa Vontade Mundial

Seguindo fielmente as palavras do Mestre, Irmão Maior e Patrono Fundador, o CECP continua com suas obras e reformas espirituais e materiais até chegar ao final da década e ao seu aniversário de 90 anos.

As palavras dos filiados são muito mais tocantes nesse momento que qualquer cronologia de dados e fatos.

Eis as de Dirceu Pinheiro, Presidente Delegado Geral:

Apesar das dificuldades que enfrentamos ao trabalharmos com seriedade, sem iludir pessoas com vãs promessas, comemoramos hoje 90 anos de vida ativa, ininterrupta e em evolução crescente.

É muito oportuno nos dias de hoje o avivamento e a prática dos princípios divulgados pelo Círculo Esotérico da Comunhão do Pensamento, pois só assim conseguiremos neutralizar o sofrimento e a angústia que pairam sobre a face da Terra.

Angústias e sofrimentos que, podemos dizer, são aparentes e transitórios porque refletem a evolução dos tempos, onde o velho transmite ao novo as suas conquistas. Neste momento vivemos a transição de uma época que se recolhe para o alvorecer de uma nova Era, e os acertos preparatórios precedem as mudanças que sugerem as adaptações.

A incompreensão é a geratriz da onda de pessimismo que varre o planeta Terra, realçando em cada elemento a ansiedade pela conquista externa quando a interna não traz atrativos.

O planeta passa por transformações, mas antes que estas se operem, a recapitulação passa para o plano da revolução. A onda de pessimismo se apossa da humanidade dividida pela ignorância, que, atônita, se deixa arrastar, até que seja alçada pela complacência dos Senhores da Sabedoria, que alimentam e ativam a ansiedade dos seus buscadores.

O espiritualista revoluciona a si mesmo, por não aceitar a limitação do eu inferior, clamando os dons divinos do Eu Sou, Eu Posso, Eu Quero, Eu Realizo.

José Maria Nogueira (JOMANO), presidente do Supremo Conselho, assim diz:

O objetivo de Antonio Olivio Rodrigues era o de que os continuadores da obra por ele implantada, tanto os dirigentes como os mais humildes filiados, não se limitassem a ler os exercícios materiais e espirituais ali constantes, mas a pô-los em prática, a vivenciá-los em seu dia a dia, na convicção de que, ao assim procederem, teriam condições de realizar seus mais puros ideais de uma fraternidade universal.

Sem dogmas, sem sectarismos, sem fanatismos, pensava ele que poderíamos construir um mundo sem fronteiras, não nos julgando superiores nem inferiores a qualquer dos nossos companheiros de jornada, uma vez que somos filhos do Pai Onipotente, do qual possuímos, em estado latente, seus mais preciosos bens.

Para homenageá-lo, nada melhor do que agirmos segundo os princípios por ele codificados como colunas mestras de uma conduta repleta de amor incondicional a todos os seres viventes, em vez de o louvarmos apenas com palavras, sem o conteúdo de exemplos dignificantes.

Procuremos, portanto, construir um mundo melhor, um mundo sem fronteiras, no qual a paz e a concórdia imperem, não obstante as diferenças de raças e credos.

Sintamo-nos como irmãos, integrantes da humanidade, vendo Deus em tudo e em todos, a fim de transformarmos esta bendita Terra, onde nos encontramos, para evoluir e retornar à Casa do Pai, num verdadeiro paraíso onde a espada e o escudo do amor serão as únicas armas de que nos utilizaremos para manter bem vivo o nosso lema: Harmonia, Amor, Verdade e Justiça.

Wirquem Costa Guimarães, delegado do *tattwa* Cultural Esotérico Luz Resplandecente, tem a dizer as seguintes palavras:

O nosso venerável Antonio Olivio Rodrigues foi lutador audaz e com a ajuda de grandes seres humanos, homens e mulheres, preparados para desenvolver obras que pudes-

sem levar ao mundo os ensinamentos esotéricos. No começo, uma obra maravilhosa chamada revista O Pensamento*; em outra sequência surge o jornal* O Astro*; estas foram alavancas para remover um mundo melhor para a humanidade. Em outra sequência surgem os* tattwas*, essas poderosas baterias de Forças Mentais espalhadas pelo mundo, mas principalmente em importantes cidades brasileiras. Os* tattwas*, ramos floridos da Grande Árvore que é o Círculo Esotérico da Comunhão do Pensamento.*

Foram vencidos grandes obstáculos aparentemente invisíveis, mas o esforço titânico de Antonio Olivio Rodrigues foi amplamente recompensado, pois a semente brotou e cresceu, transformando-se nessa grandiosa obra que vem dando a todos um grande testemunho do quanto pode a força de vontade bem dirigida.

O Círculo foi formado com a sã intenção de cumprir um vasto programa, isento de preconceitos políticos ou religiosos, baseados unicamente na Harmonia, no Amor, na Verdade e na Justiça. Vem nossa venerável Ordem cumprindo serenamente esse programa, fazendo proliferar e florescer com exuberância a pequena semente plantada pelas mãos predestinadas de Antonio Olivio Rodrigues.

É por isso que o Círculo Esotérico da Comunhão do Pensamento continua firme, espalhando ensinamentos que visam o estudo da mente, o seu valor, o seu poder, a sua força, enfim a disciplina e a obra do pensamento, procurando aumentar o número de pessoas fortes, sadias e felizes.

Nossa venerável Ordem foi semente modestíssima na coroação, na audácia, na constância de seu inesquecível fundador, Venerado Antonio Olivio Rodrigues. Graças às Grandes Constelações chamadas "tattwas" e às estrelas chamadas "filiados", o mundo vem se tornando cada vez melhor.

Disse Platão: "A base de todas as grandes filosofias é tornar melhor o homem." E esse tem sido o objetivo de nossa venerável Ordem, fazendo com que o homem faça de seu cérebro um laboratório de alquimia, a fim de fundir no caminho de sua "Força-Desejo" o metal bruto das paixões, transformando-o no ouro puro das grandes realidades.

O Círculo se desenvolveu e crescerá muito mais ainda porque, tanto no campo espiritual como no material, terá sempre o apoio dos Grandes Mestres, colaboradores, irmãos de boa vontade.

* * *

Pensando nas contínuas transformações e em novos projetos, a cada dia o CECP, sob a direção de seu Delegado Geral se prepara para o novo milênio. Essa é uma época histórica conturbada; os finais de século e de milênio sempre causaram um misto de ansiedade e medo no ser humano. E o ano de 1999 é o final da década e, para algumas pessoas, o final do século e do milênio, apesar de eles só começarem em 2001.

Revista *O Pensamento*, de jan/fev de 1999

Em agosto de 1999, astrônomos do mundo todo ficam perplexos diante do estranho eclipse solar que posiciona o planeta Terra no centro de uma cruz cósmica: nosso sistema solar, com exceção de Plutão, passa a formar literalmente uma cruz, em um alinhamento jamais visto. São os sinais se revelando!

Mitos e milenarismos à parte, o CECP prepara-se para a nova era espiritual/tecnológica que está surgindo. Quer entrar no novo ano/século/milênio com o firme pensamento de se tornar uma moderna, centenária e vanguardista instituição espiritualista, fazendo a síntese de todo o conhecimento acumulado em seus 90 anos de atividade ininterrupta.

Renovar e prosseguir — esse é o caminho para o Círculo Esotérico da Comunhão do Pensamento.

CAPÍTULO

XII

O Futuro Começou: Novo Século, Novas Perspectivas —
A Preparação para o Novo CECP — O Resgate das Origens e as
Adaptações à Era da Tecnologia do "Eu Sou Virtual" —
Cem Anos de História, um Único Ideal — AOR Vive!

Eu creio que o Círculo Esotérico está numa fase de renascimento porque
teve um período em que ele suscitava a pergunta: "Ele ainda existe?"
Muitos frequentaram no passado e pensavam que o Círculo não existisse mais.
Hoje nós temos que reavivar o Círculo Esotérico da Comunhão do Pensamento.
— Ronaldo Eduardo Nobre Pombo
(presidente do *tattwa* Nirmanakaya, Rio de Janeiro)

Estamos no ano 2000. É o início do novo século? Para a maioria das pessoas, sim, por ser uma data esperada e redonda, mas, tecnicamente, esse é o último ano do século XX. O tão aguardado século XXI só vai chegar no Ano Novo de 2001.

Como a demanda de assuntos ligados ao esoterismo e à autoajuda não para de crescer, a Rádio Mundial torna-se, no final de 1999, a primeira rádio brasileira a transmitir em FM uma programação voltada para essas áreas. Assim, tem início o programa radiofônico do Círculo, que vai ao ar de 1º de novembro de 2000 até dezembro de 2004; mas retorna depois, em outubro de 2005, com o nome "Harmonia, Amor, Verdade e Justiça". Apresentado por Élcio Lima e contando com a participação de José Maria Nogueira, presidente do Supremo Conselho do CECP, o programa leva os ensinamentos fundamentais da ordem esotérica mais antiga do Brasil para as pessoas que buscam, com seriedade, conhecer a si mesmas e também a mensagem universalista do Círculo.

E universalismo é o que o mundo globalizado mais precisa no início do novo milênio. Ondas de consumismo e violência, aliadas a uma desigualdade social sem precedentes, assolam o mundo e crescem vertiginosamente. As organizações não governamentais (ONGs) se multiplicam, tornando-se instrumentos importantíssimos na luta pelos direitos humanos e por um planeta mais limpo e sustentável.

A palavra de ordem agora é "sustentabilidade". O planeta pede socorro, pois o aquecimento global começa a trazer consequências desastrosas, que, somadas aos demais flagelos naturais, deixam milhões de pessoas desabrigadas, famintas e sedentas em todo o mundo. Muitos estudiosos chegam a declarar que, em pouco tempo, a falta de água, e não a de petróleo, será a causa da maioria das guerras.

A partir dos atentados de 11 de setembro de 2001, quando terroristas da organização islâmica Al Qaeda sequestram quatro aviões comerciais e perpetram um ataque suicida contra os Estados Unidos, o presidente George W. Bush declara uma guerra contra o "eixo do mal". O mundo sente novamente "na pele" o seu lado mais obscuro: a destruição.

O século XXI se inicia então com uma guerra, não contra um país, mas contra um "espectro". Apesar da ocupação norte-americana no Iraque, o grande inimigo agora é o terrorismo.

Com esse pano de fundo, mais do que nunca as sublimes divisas do CECP tornam-se necessárias. No entanto, para que elas sejam massivamente propagadas, é preciso fazer com que a Ordem renasça de uma maneira inesperada.

* * *

Com a implantação do novo Código Civil de 2002 — que obriga as instituições a promover eleições —, acontece algo até então inédito no Círculo Esotérico. Uma nova diretoria substitui toda a gestão anterior, por meio do voto direto de seus filiados. Assim, no dia 8 de abril de 2006, ocorre uma sessão solene no Salão Nobre onde a nova diretoria e o novo Delegado Geral tomam posse. José Maria Nogueira, o Irmão JOMANO, torna-se então o quinto presidente e delegado geral.

Nessa época, JOMANO já é bastante conhecido no Círculo. Filiado desde 1939 — seu pai fundou o *tattwa* Swami Vivekananda em 1932, no Rio de Janeiro —, ele foi durante muitos anos presidente do Supremo Conselho e tinha lançado dois livros espiritualistas, pelas editoras Elevação e Novo Século. Também é pai de um famoso filiado do Círculo: o cantor e apresentador Ronnie Von.

Com o início das atividades dessa nova diretoria, que ficaria responsável pelos rumos da Ordem nos próximos quatro anos, surgem as condições para a transformação e o renascimento do Círculo. Desse

JOMANO

Detalhe da restauração da biblioteca

Isis e o Zodíaco, enfim restaurados

Salão da biblioteca do CECP após as obras de restauração

Sala de Meditação totalmente recuperada conforme os padrões originais

CECP — 100 ANOS — 1909-2009

Material entregue aos novos filiados à Ordem

Diploma de Filiação do CECP

Revista *O Pensamento*,
de set/out e nov/dez de 2008

modo, em 2008, a um passo de completar os cem anos, começam as obras de recuperação do prédio da biblioteca e um *site* é criado para divulgar as mensagens da Ordem por meio da internet.

Na era da expansão virtual de todo o conhecimento humano, em que os *sites* especializados e ferramentas como Youtube, Facebook! e My Space tornam-se prolongamentos do mundo real, um *site* como o da Ordem oferece rapidamente, como num passe de mágica, a síntese de conhecimentos de vários séculos, encurtando assim a distância entre as pessoas.

Com uma rede de apenas 57 *tattwas* e um pouco mais de três mil filiados, é necessário expandir as fronteiras para além do mundo físico. É necessário, tanto na internet como fora dela, irradiar para todas as pessoas as sublimes divisas da Ordem. Não se pode deixar que a quase centenária instituição naufrague, como afirmou o novo presidente e delegado geral José Maria Nogueira no seu discurso de posse:

> *Nós temos de fazer o possível para que este Círculo prospere, continue o que foi iniciado em 1909 por Antonio Olivio Rodrigues. Não vamos pensar em cargos, em poder, mas queremos sentir-nos iguais a vocês. Vamos nos dar as mãos e trabalhar juntos.*
>
> *Temos que lutar para o que o Círculo não pereça. Vocês sabem que das sete maravilhas do mundo só existe uma atualmente. Todas as outras foram destruídas pelo descaso, pelo desinteresse daqueles que estavam tomando conta delas.*
>
> *Compete a nós cuidarmos do Círculo, e não podemos destruí-lo. Temos de lutar*

para que ele cresça cada vez mais. Vamos pedir aos irmãos que venham e encham todas as cadeiras. Temos de ligar as nossas palavras, os nossos atos e nossos sentimentos,[...] quando Jesus fez o Sermão da Montanha, ele disse que só os puros de coração podem ver a Deus.

* * *

No final de 2008 inicia-se a nova fase da revista *O Pensamento*. Produzida agora totalmente em cores e impressa em papel cuchê, seu projeto gráfico está mais de acordo com o século XXI.

Além da presença de novos colaboradores, como César Romão, Içami Tiba e Norberto Keppe, a revista passa a publicar matérias sobre cuidados com o meio ambiente, entre outros assuntos. Também republica, a partir de pesquisas em exemplares das décadas anteriores, mensagens espirituais clássicas de Francisco Valdomiro Lorenz, AOR, Cinira Riedel de Figueiredo e Diaulas Riedel, entre outros que fizeram a história do Círculo Esotérico.

O relançamento dessas mensagens faz parte do plano de reviver os ideais da Ordem, pois, por intermédio delas, pode-se mostrar como esses ideais sempre estiveram à frente de seu tempo. Assim, quem não conhece tais mensagens pode agora entrar em contato com elas.

Para termos uma ideia mais clara de todas as mudanças que estão sendo implantadas, citemos as palavras do Vice Presidente e diretor administrativo do CECP, Douglas Machado Filho, retiradas de uma entrevista publicada na revista *O Pensamento*, de março/abril de 2009:

Quando assumi [o cargo], confesso que fiquei surpreso com o grau de desafios que se apresentavam, no sentido de elevar a Ordem. Fizemos muitas mudanças, tais como: equipar a administração com modernos computadores, impressoras, copiadora, unificação de rede e programas de administração modernos; impermeabilização das lajes, caixa d'água do edifício Pensamento, da Sede e do Salão Nobre; verificamos as condições estruturais destes imóveis; regularizamos a situação do imóvel remanescente da antiga Sede, na Praça Almeida Júnior; passamos a Livraria e Editora Lorenz para o Círculo; unificamos os funcionários administrativos com os da Livraria, em local adequado; substituímos o telhado da Biblioteca, que estava em péssimas condições e com sérias infiltrações, que danificavam constantemente os ornamentos, por telhas certificadas e com manta de subcobertura; substituímos todo o forro e alguns ornamentos da Biblioteca; concluímos o tombamento da nossa Sede pelo CONDEPHAAT e com isso a valorização do patrimônio artístico e cultural; regularização de equipamentos de segurança e incêndio; restauração artística e pintura de nossa Sede, preservando os elementos da época, tais como: pigmentos, cores e materiais originalmente

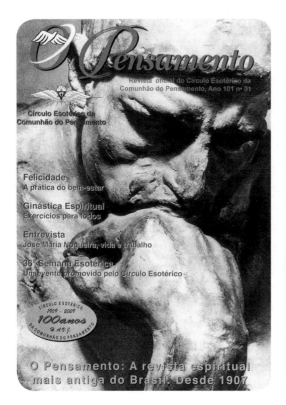 

Revista *O Pensamento*, de jan/fev e mai/jun de 2009

utilizados; substituição do telhado, calhas e sistemas de drenagem de águas da chuva do Salão Nobre e abertura de nosso programa nas segundas-feiras na Rádio Mundial. [...] [Precisamos] melhorar a divulgação da Ordem, ampliar os estudos esotéricos e interagir mais com os filiados e os Tattwas. Esta é a nossa busca. [...]

[Mesmo assim] sempre existem opiniões contrárias, pois o CECP precisa adequar-se aos novos tempos, e as mudanças, por menor que sejam, incomodam as pessoas muito conservadoras. Precisamos colocar a Ordem cada vez mais no patamar que ela merece, principalmente se levarmos em conta o período turbulento em que a humanidade se encontra e o que podemos oferecer.

Estamos fazendo o possível para estarmos preparados para a solenidade de comemoração de aniversário de 100 anos.

E finalmente chegamos ao dia 27 de junho de 2009 — os cem anos de Círculo Esotérico da Comunhão do Pensamento. Uma estrada longa, difícil e tortuosa, mas compensadora, que foi percorrida por milhares de pessoas desde a intrépida empreitada espiritual idealizada por AOR, o Irmão Maior.

O CECP, o Rotary Club e a Maçonaria

O Venerável Patrono Fundador da Ordem, mesmo enfrentando sérios problemas a cada dia, não desistia. Depois de ser posto à prova inúmeras vezes, recebeu enorme ajuda de uma instituição espiritualista que já estava no Brasil havia séculos: a maçonaria.

Seguindo o seu fiel princípio de não se revelar aos "olhos vulgares" e apenas agir nos "bastidores", essa tradicional sociedade secreta viu, nos iluminados ideais de AOR, a parceria perfeita, a peça que faltava para ajudar a sociedade de maneira mais incisiva, sem precisar se revelar ao mundo.

A maçonaria viu na obra de Antonio Olivio — com sua propagação de ideais e ensinamentos esotéricos; com seu princípio de ajuda mútua e apoio aos *tattwas* — a parceira perfeita que lhe faltava para poder ajudar a sociedade em geral. O Círculo era praticamente um "caminho do meio" entre a própria maçonaria e o também nascente Rotary Club do Brasil, chamado por muitos de "uma maçonaria aberta". A diferença entre o Círculo e o Rotary estava no fato de o CECP propagar também os estudos espiritualistas, enquanto o Rotary percorria o caminho social e ético da ajuda mútua.

* * *

Em sua existência, o Círculo Esotérico presenciou guerras, ditaduras e golpes de estado, e sofreu insultos, intrigas e maledicências, mas nunca se rendeu a nenhum deles. Ao contrário, lutou e persistiu em suas divisas de Harmonia, Amor, Verdade e Justiça.

Com a força e o trabalho incansável de seus filiados e de seus *tattwas* nacionais e internacionais, a Ordem sobreviveu a tudo em todas essas décadas, sem deixar de propagar os seus nobres ideais e jamais se curvando às ondas passageiras de "materialismo espiritual" que surgiam ocasionalmente, com promessas de milagres instantâneos e revoluções na consciência, mas carecendo de aprofundamento e disciplina. Sem proferir uma única palavra de intolerância em relação a outras instituições espiritualistas e seus métodos, porém firme quando se tratava de modismos, a Ordem sempre teve no cerne da sua mensagem aos filiados a máxima virtude de não interferir no livre-arbítrio das pessoas, apenas mostrar o Caminho.

Podemos ver uma prova disso na centésima Sessão Magna da Ordem quando houve um ato inter-religioso pela paz mundial, que contou com a participação de várias entidades espiritualistas e líderes religiosos. O momento culminante desse

Ato Inter-Religioso pela Paz

JOMANO recebe a Comenda Filhos da Luz

Ricardo Riedel, bisneto de AOR, recebe a Comenda Filhos da Luz

Discurso de JOMANO, o quinto Presidente Delegado Geral da Ordem

Sr. Oswaldo Diana recebe a Comenda Filhos da Luz e comemora também o seu próprio centenário

Inauguração da placa do centenário do CECP

magnífico evento aconteceu quando todos os presentes seguraram juntos a Bandeira da Paz, criada no final da década de 1920 por Nicholas Roerich, em Nova York. Mostraram assim que Deus é um só e o papel das religiões consiste em trazer ao mundo a paz, e não a guerra e a intolerância.

Além das habituais apresentações artísticas, houve uma grande homenagem dos *tattwas* ao Círculo, com a entrega da Comenda Filhos da Luz, e aos

O bolo dos Cem Anos

membros que completavam mais de 50 anos de filiação à Ordem, como o Sr. Oswaldo Diana (que também acabava de completar cem anos de vida há apenas quatro dias do centenário da Ordem) e o Presidente e Delegado Geral, José Maria Nogueira. Foram também homenageados o bisneto de AOR, Sr. Ricardo Ferraz Riedel, a Editora Pensamento-Cultrix e a família de AOR.

Essa grande celebração encerrou o primeiro centenário de um único e sublime ideal que pautou a vida de AOR: a busca do aprimoramento do ser humano.

Mas a instituição fundadora de todo o movimento esotérico/espiritualista do Brasil não perdeu sua força, apenas se interiorizou; buscou renovação, mas sem perder de vista a sua nobre Verdade: o universalismo. Pois somos todos irmãos, filhos do mesmo

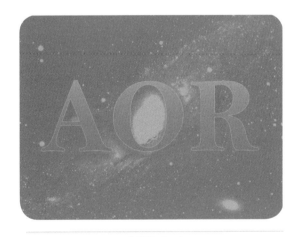

AOR vive!

Pai, o qual, sob as mais diversas formas humanas e por intermédio das sinceras manifestações religiosas e espirituais que existem em todo o mundo, deseja aos seus filhos apenas a evolução e o retorno à morada celeste.

Um "viva" aos cem anos do CECP! Ou, como diria Diaulas Riedel, ENERGIA, ENERGIA!

Sabemos que AOR vive!

ANEXO

I

Os *Tattwas*: Cem Anos dos Centros de Irradiação Mental — A Espiritualidade e a Cultura no Brasil e no Mundo, Cultivadas por meio das "Células Espirituais" do CECP

Hoje em dia seria impossível escrever em apenas algumas páginas sobre todos os mais de 1.400 *tattwas* que existiram e foram ligados ao CECP nestes seus 100 anos. As histórias deles encheriam dezenas de volumes enciclopédicos, tal como os grossos alfarrábios dos antigos alquimistas.

Como dissemos no último capítulo, existem hoje apenas 57 *tattwas* e, por falta de documentação, salvo algumas exceções, não tivemos acesso a quase nenhuma informação sobre eles. Pois, como é de praxe em nosso desmemoriado país, os *tattwas* não dispõem de arquivos e documentos históricos que possam ser consultados para contar sua trajetória na sociedade local e sua preciosa participação na história do CECP até os dias de hoje. Portanto, pedimos desculpas se algo de suma importância deixar de ser citado.

A seguir apresentamos uma pequena retrospectiva da rápida propagação do CECP, um perfil dos primeiros filiados e um destaque da importância desses centros de irradiação mental, como pequenas células regionais de Luz que tornaram o CECP a maior e mais importante instituição espiritualista do Brasil na primeira metade do século XX.

Não vamos nos ater à história de nenhum *tattwa* em especial, pois todos eles, ao longo destes 100 anos, foram e ainda são de absoluta importância para a ordem esotérica mais antiga da história da filosofia espiritualista brasileira.

* * *

Na virada do século, a jovem república de orientação positivista que se instalou no poder por meio de um golpe militar avança de modo cada vez mais prático, seguindo a sua principal divisa, "Ordem e Progresso".

Mas o que parece ser um avanço, um verdadeiro "triunfo da vontade" sobre a "indolência tropical", nada mais é que a tênue face de uma justiça que favorece uma minoria em nome de ideais que não veem o Brasil como um todo no sentido espiritual, mas apenas geograficamente. Enquanto isso, na vastidão de nosso país, nas regiões não litorâneas, milhares de pessoas vivem em uma lastimável miséria, entendida no mais amplo sentido que se possa imaginar dessa palavra.

Cidades como o Rio de Janeiro e São Paulo passam por um surto de urbanização que deixa de fora as classes menos favorecidas, expulsando-as para as periferias, onde não seriam vistas. Assim a elite consegue dar um ar mais civilizado e parisiense aos seus grandes centros. Varre a "sujeira" para bem longe de seus olhos, podendo então fingir que o Brasil está realmente fazendo valer o lema da ordem e progresso, estampado em sua bandeira republicana.

Como a população não conta com nenhuma assistência por parte do governo, surgem revoltas que clamam por justiça, como a Revolta da Vacina, no Rio de Janeiro, em 1904.

Fora dos grandes centros, há o exemplo de Canudos, um pequeno povoado surgido no século XVIII, no sertão da Bahia, que se torna um modelo de resistência em favor das minorias, que, sozinhas, tentam encontrar o seu lugar na jovem república.

Com um vertiginoso crescimento, que chega a 25 mil habitantes depois da chegada de Antônio Conselheiro — nas palavras de Euclides da Cunha, um "anacoreta sombrio", que dá esperança e força espiritual aos moradores —, Canudos começa a incomodar as autoridades da região, pois é um povoado independente. Foram necessárias quatro expedições militares — para acabar com o "último foco monarquista" do Brasil — essa é a desculpa dada pelas autoridades para arrasar o local. A última delas ocorreu em setembro de 1897.

A partir desse quadro, podemos ver como é difícil seguir os ideais da "ordem e progresso" para aqueles que praticamente são banidos da sociedade dentro de seu próprio país.

Se surgisse no Brasil uma sociedade, instituição ou agremiação que fosse inclusiva — isto é, tratasse as pessoas com dignidade e lhes dissesse que podiam conseguir o que quisessem, pois ninguém é melhor que os outros; e ensinasse que prosperar em todos os sentidos na vida é apenas uma questão de oportunidade e desenvolvimento da vontade —, milhares de pessoas iam querer ser filiadas a ela, pois se sentiriam parte de algo maior; sentimento esse que a república positivista não oferecia.

* * *

É então fundado, por AOR, o Círculo Esotérico da Comunhão do Pensamento —, com suas divisas HARMONIA, AMOR, VERDADE e JUSTIÇA —, que proclama não fazer qualquer distinção de cor, raça, sexo, classe social e credo, seja político, filosófico ou religioso. Muitas das pessoas que se veem excluídas entram para a Ordem, sentindo-se agora dignas, pois não sofrem qualquer tipo de preconceito. Estão livres para seguir ideais mais elevados do que "ordem e progresso".

Atingindo os seus filiados com mensagens ultrapositivas, e não positivistas, o Círculo cresce e torna-se uma espécie de "socialismo espiritual". Agora todos podem fazer cumprir o seu destino latente, que é prosperar no amplo e espiritual sentido a que se pode dar a tal palavra.

Ao rico, cabe fazer o bem e ajudar os necessitados, assim como tornar-se mais consciente de suas faculdades espirituais e de seu "privilegiado karma material", já que não sofre com a falta de bens em sua vida tridimensional. Ao pobre, ou excluído, é agora oferecida a chance de auxiliar a si próprio e aos seus semelhantes, pois tem a felicidade de contar com a ajuda de seus Irmãos da Ordem para progredir em todos os sentidos e, ao mesmo tempo, ajudar o Próximo, ou seja, as pessoas de seu convívio diário, de sua família e da sociedade.

Assim, os necessitados não contam mais única e exclusivamente com a ajuda do governo, e os mais abastados não precisam mais progredir e criar suas famílias sozinhos, pois o CECP traz a eles algo maior: crescimento espiritual por meio de ações práticas e meditativas, sem precisar abandonar costumes por causa de alguma disciplina rígida.

Portanto, por meio de seus *tattwas*, o CECP oferece aos filiados uma oportunidade de fazerem algo grande em suas vidas e para suas comunidades. Desperta neles a vontade de atender a um "chamado" de participar de algo maior, o que desperta seu lado interior, melhora o aspecto externo de sua vida e torna-os conscientes de seu papel na sociedade da qual são membros, independentemente de seus recursos materiais. Quer o filiado seja rico ou pobre, católico ou espírita, homem ou mulher, "de esquerda" ou "de direita", não está mais sozinho.

Contando agora com "células" espirituais, a Ordem difunde pelo Brasil o fenômeno dos colégios iniciáticos e das escolas esotéricas, levando o progresso dos grandes centros urbanos mundiais para os mais longínquos lugares. Nestes, os centros de irradiação mental tornam-se um veículo de inclusão social para quem não tem oportunidade de estudar ou está carente de um contato mais profundo com o pensamento espiritual. Grande parte do sucesso do CECP deve-se exatamente a isso.

Principalmente os habitantes simples e carentes, de um Brasil há muito esquecido pelos seus dirigentes, veem na instituição mentalista/esotérica paulistana a oportunidade de participar de algo que lhes devolva a dignidade (como podemos ver na parte iconográfica deste livro).

Os *tattwas* parecem então ser o caminho que falta para que as pessoas dos mais díspares lugares do Brasil e do mundo possam unir o contexto social/material com o contexto espiritual/imaterial da evolução. Os *tattwas* tornam-se os representantes do Círculo Esotérico onde ele não consegue chegar, a não ser pela revista *O Pensamento*.

Por meio de uma carta constitutiva, que é primeiramente submetida ao Supremo Conselho da Ordem, Antonio Olivio Rodrigues abre espaço para que o filiado crie o seu próprio "minicírculo esotérico" em sua localidade de origem. O responsável pela carta responde à Ordem, como delegado do *tattwa*, e monta sua própria diretoria, com outros filiados locais. Assim, torna-se mais fácil, tanto para o Círculo como para o filiado, realizar os trabalhos propostos pela instituição. Esse filiado não se sente tão isolado e tem mais disposição para praticar as divisas e os ensinamentos da Ordem ao lado de seus companheiros de causa.

* * *

No Brasil: Picos, Jundiaí, Assis, São Gabriel, Santiago Garanhuns, Estrada Nova, Rincão, Monte Negro, Brasil, Bela Vista, São Bernardo das Russas, Estação Alegre, Itabina do Campo, Nazareth, Santa Luzia do Caranzola, Bariri, Manhuassú, Santiago do Boqueirão. E no mundo: Chascomús, Estanor Cruz (Argentina), Santiago (Chile), Bari (Itália), Torre da Candanha, Espozende, Beja, Silves e Faro (Portugal), Funchal (Ilha da Madeira) e Oaxaca (México). Se não fossem os *tattwas* nesses lugares tão distantes entre si (muitos deles difíceis de identificar geograficamente na atualidade), o CECP não teria feito o maravilhoso trabalho que fez durante as suas primeiras décadas de existência.

Nessa época, os *tattwas* levam Luz e esperança para as comunidades em que estão presentes. Propagam por todo o país uma forma de mensagem espiritual/esotérica como nunca antes foi feito por outra instituição, nem mesmo pela religião espírita, que, desde a segunda metade do século XIX, já contava com uma série de jornais e centros espalhados por locais tão distantes quanto os dos *tattwas* do CECP.

Já no início da década de 1910, o CECP possui mais de 60 *tattwas* a ele ligados no Brasil e no exterior. A maioria se instala em locais afastados, como já dissemos (um verdadeiro feito para uma época sem os meios de comunicação modernos, como internet, TVs e rádios). Na Amazônia do "ciclo da borracha", por exemplo, surgem vários *tattwas*. Muito mais que simples continuadores do Círculo Esotérico, esses locais fazem também as vezes de centros comunitários e abrigam escolas para crianças.

Isso ocorria desta maneira porque as pessoas, em localidades pequenas, tendem a ser mais próximas, a conhecer "todo mundo", tornando-se muito mais fácil este tipo de convivência comunitária e gerar ações como as acima citadas do que em grandes e populosos centros urbanos.

Os *tattwas* que se instalam nas grandes cidades têm uma maneira ainda mais engajada de fazer o bem em suas comunidades, pois contam com mais recursos materiais e têm meios melhores de transmitir a mensagem do CECP. Alguns criam grupos filantrópicos femininos que organizam festas beneficentes a fim de arrecadar fundos para ajudar as populações carentes da sua região, apesar de estas não pertencerem à Ordem.

BENEDICTO G. DE SOUZA
Parêlhas

JOÃO CAMILLO FALCÃO
Limoeiro

BELLARMINO A. TEIXEIRA
Umburanas

JOVINO DE A. DIUVA
Macapá

JOÃO PEDRO DA ROSA
Diamantina

LEANDRO JOSE' SANTOS
Itaquara

Antigas fotos de delegados dos primeiros *tattwas*, por volta de 1912

JARBAS BRAZILIO DOS SANTOS
S. Pedro d'Aldeia

MANOEL FRANCISCO GONÇALVES
Victoria

OSORIO F. DA FONSECA
Santa Rita do Pontal

ZACHARIAS PRAXEDES
Mossoró

MANOEL LIMA
Paineiras

NORBERTO G. ARAGÃO
Iurussú

Antigas fotos de delegados dos primeiros *tattwas*, por volta de 1912

Membros do *tattwa* AOR, Manaus, AM, recepcionando a caravana do Círculo

Tattwa Swami Vivekananda, Ecoporanga, ES

Maquete do Hospital Dharmakaya, do *tattwa* Nirmanakaya, Rio de Janeiro

O *tattwa* Nirmanakaya, do Rio de Janeiro, por exemplo, chega a ter entre os seus participantes a esposa e a filha do presidente Getúlio Vargas, Dna. Darcy Vargas e Alzira Vargas, as quais, juntamente com outras mulheres, comandam o Grupo das Doze, responsável pela arrecadação de bens materiais para a população carente. Esse *tattwa* em especial, por estar localizado na capital federal, recebe ajuda do próprio Getúlio, que doa um terreno para a construção de um novo templo para a instituição e recursos materiais para a fundação do Hospital Dharmakaya, subsidiado pelo *tattwa*. Em gratidão pelos seus esforços, Getúlio recebe o diploma de Sócio Grande Benfeitor, com todas as prerrogativas sociais e espirituais.

Diploma concedido ao presidente Getúlio Vargas

Alguns centros irradiadores chegam a ter publicações próprias, como o *tattwa* Swami Vivekananda, de Porto Alegre, com sua revista *AOR*.

Muitos dos *tattwas* existentes hoje são antigos, fundados ainda na época de AOR, tais como: Jesus Nosso Mestre, de Presidente Prudente; Potira Catu, do Rio de Janeiro, RJ, Paulo Penim, de Campos de Santos; e o já citado Swami Vivekananda, de Porto Alegre, que foi fundado em 1927.

* * *

Como já dissemos, dos 1.400 *tattwas* que foram criados nestes 100 anos, restam hoje apenas 57. As transformações culturais, sociais e históricas pelas quais o Brasil passa na segunda metade do século XX causam mudanças cruciais na Ordem, fazendo com que muitas pessoas procurem novas práticas espirituais, tão profundas quanto as do Círculo, ou

Revista *AOR*, do *tattwa* Swami Vivekananda, Porto Alegre

busquem simplesmente caminhos diferentes dos que foram propostos até então. Isso causa um esvaziamento da Ordem, criando uma lacuna que, até hoje, não voltou a ser preenchida.

Atualmente, o CECP tem potencial para chegar ainda mais longe do que AOR conseguiu ir com seus próprios meios de comunicação e com os *tattwas*, pois as muitas informações que recebemos hoje nos chegam na velocidade da luz, podendo tocar mais pessoas e de modo praticamente instantâneo.

Os 100 anos do Círculo Esotérico são também os 100 anos dos *tattwas*, os centros de irradiação mental da Ordem. Com o avanço tecnológico dos meios de comunicação, cabe não só à matriz, mas também às células espirituais, renovar a linguagem dessa inspiradora sociedade esotérica a fim de propagar as suas divisas e seus ideais, tão necessários no mundo de hoje. Seguir, pois, as luminosas palavras de AOR, o Patrono Fundador e Venerável Irmão Maior do CECP:

O homem só é grande, só tem valor, por seus pensamentos; por eles, suas obras se irradiam e se perpetuam através dos séculos.

Crianças da Escola Propedêutica, do *tattwa* Swami Vivekananda, Ecoporanga, ES

Tattwa Jesus Rei da Ciência, Comarca do Resplendor, MG

Tattwa Swami Vivekananda, São Gabriel, RS, 1974

23º Aniversário do *tattwa* União, Amor e Firmeza, Mantena, MG

Tattwa Boa Família, Alto de Santa Rita

Tattwa Jesus Cristo é a Luz do Mundo, 1967

Tattwa Henrique Albertie, Areiópolis, SP

53º aniversário do *tattwa* Nirvana, Manaus, 27/03/1965

Cadeia Espiritual, *tattwa* A. O. Rodrigues

Diretores do *tattwa* Jesus Cristo, Sorocaba, SP

Tattwa A. O. Rodrigues, Aracaju, SE

Tattwa Cristo Redentor, Santo André, SP

Tattwa Jesus Nosso Mestre, Santa Maria, RS

Tattwa Forças Mentais do Planalto, Brasília, DF

Aniversário do *tattwa* Nirmanakaya, Rio de Janeiro, 2008

Audiência no *tattwa* Nirmanakaya

ANEXO

II

Os *Tattwas* Ativos Atualmente

Carta Constitutiva	Nome	Estado — Cidade
15	Nirvana	AM — Manaus
69	Santa Família	PR — Curitiba
73	Inteligência, Amor e Verdade	RS — São Gabriel
120	Jesus Cristo	SP — Sorocaba
233	Barlet	CE — Itabuna
266	Theosébia	PR — Cambará
328	Nirmanakaya	RJ — Rio de Janeiro
360	Vivekananda	RS — Rio Grande
461	Inteligência, Amor e Vida	SP — Marília
510	Eliphas Levy	SP — Catanduva
539	Elifas Levi	SP — Barretos
612	União Esotérica de Santos	SP — Santos
628	Elifas Levi	MG — Belo Horizonte
662	Amor e Justiça	RS — Santa Maria
680	Eliphas Levy	SP — Rio Claro
690	Prentice Mulford	SP — Bauru
723	Paulino Penin de Campos	SP — Santos
788	Conjunto Espiritualista	RJ — Rio de Janeiro
790	Potira Catu	RJ — Rio de Janeiro
798	Jesus Nosso Mestre	SP — Presidente Prudente
801	Loester	ES — Vitória
804	Vivekananda	RS — Porto Alegre
851	Henrique Aubertie	SP — Areiópolis
1004	A. O. Rodrigues	SE — Aracaju
1006	Swami Vivekananda	RJ — Niterói

Carta Constitutiva	Nome	Estado — Cidade
1016	Jesus Cristo	GO — Goiânia
1049	Jesus Nosso Mestre	SP — Campinas
1138	Anjo Sachiel	SP — Ribeirão Preto
1145	Antonio Olivio Rodrigues	AM — Manaus
1152	A. O. Rodrigues	CE — Fortaleza
1181	A. O. Rodrigues	MG — Juiz de Fora
1182	Amor e Luz	SC — Florianópolis
1187	Sol Nascente — Templo de Deus	RJ — Rio de Janeiro
1216	AOR	RN — Natal
1233	Vinte e Sete de Junho	RJ — Volta Redonda
1258	Harmonia Universal	SP — Jundiaí
1294	A. O. Rodrigues	RS — Uruguaiana
1298	Luz Divina — Antonio Olivio Rodrigues	PR — Curitiba
1317	Luz Espiritual	MG — Governador Valadares
1338	Somos Todos Irmãos	RO — Porto Velho
1342	Cavalheiros da Luz	PE — Recife
1353	Luz Divina	ES — Barra de São Francisco
1355	Nirvana	PA — Belém
1397	Ramakrishna	AM — Manaus
1414	Jesus Nosso Guia	RJ — Duque de Caxias
1415	Antonio Olivio Rodrigues	SP — Limeira
1417	Jesus é a Luz do Mundo	ES — Barra de São Francisco
1441	Swami Vivekananda — União dos Humildes	ES — Ecoporanga
1443	São Salvador	BA — Salvador
1452	Cultural Esotérico Luz Resplandecente	SP — Sorocaba
1455	Forças Mentais do Planalto	DF — Brasília
1468	Deus é Nossa Vida	PE — Recife
1471	Prentice Mulford	PE — Belo Jardim
1477	Antonio de Pádua	PA — Belém
1480	Antonio Olivio Rodrigues	MA — São Luís
1482	Amor e Caridade	SP — Registro

ANEXO

III

Cem Anos de Transformações de Consciência em
Fragmentos de Entrevistas com os Filiados do CECP

JOMANO
(Presidente Delegado Geral)

A orientação sobre o cristianismo dada pelo Círculo não difere da ensinada no catolicismo. Se estão seguindo os ensinamentos deixados por Jesus, e estão colocando-os em prática, eu quero vivenciá-los. Porque falar sobre os ensinamentos é uma coisa, vivenciá-los é outra bem diferente. Eu posso dizer coisas lindas sobre o amor e não amar. Temos que colocar em prática aquilo que nós gostamos de ver em evidência; temos que demonstrar o amor em todas as circunstâncias. Praticar o amor é sermos a semelhança de Deus. Nós somos, realmente, templos vivos de Deus.

[...] A pior de todas as armas é a nossa língua; ela fere a alma. Devemos sempre pedir a Deus: elimine de mim qualquer sentimento negativo com relação aos meus semelhantes porque nós somos manifestações divinas [...]

[Depois de minha entrada no CECP, minha vida] mudou completamente, radicalmente, porque aqui se ensina a amar! Mas amar impessoalmente, incondicionalmente. Descobrir no semelhante a pureza que todos nós possuímos. E eu vejo que a grande maioria não pensa na elevação da sociedade, pensa na sua vaidade, pensa em si próprio, em vez de pensar no coletivo. E nós somos membros de uma coletividade [...]

Antonio Olivio Rodrigues foi um exemplo vivo daquilo que nós precisamos. Ele veio para cá, se eu não me engano, com onze anos de idade. Trabalhava como jardineiro. Primeiro, ele foi jardineiro de plantas, depois um jardineiro de almas. E eu sempre digo que aprendi uma coisa: há mais almas do que terras para cultivar. Então nós temos que cultivar as almas. Lamentavelmente, eu não o conheci, morava no Rio de Janeiro; mas o meu pai vinha a São Paulo para vê-lo. Ele era uma coisa maravilhosa porque um homem que consegue fazer as coisas que ele fez, do nada, vale ouro. Eu entrei aqui em 1939, e pretendo continuar até o fim da minha vida.

"O PENSAMENTO" EM EVOLUÇÃO

[...] A Ordem só cresce se nós vivenciarmos os ensinamentos; e eu quero vivenciá-los. Eu aprendi que é pelo amor que eu consigo me elevar; pela bondade, pela pureza, pela compreensão, pela paciência, pela tolerância para com as falhas dos outros, é que eu posso crescer.

Eu tenho que ver em cada criatura um companheiro que está ou mais adiantado ou mais atrasado. Com os que estão mais adiantados, eu procuro me elevar; com os que estão mais atrasados, eu procuro trazê-los à luz e dar o exemplo. A melhor coisa que nós podemos fazer é procurar seguir os bons e trazer os maus para o lugar onde nós estamos, para podermos crescer juntos. Nós temos que dar a mão sempre para aquele que está abaixo de nós. O que nós mais necessitamos, não só nos dias de hoje, não são palavras bonitas, mas o exemplo. Se você quer que o outro seja bom, manifeste a bondade. É pelo exemplo que nós vencemos.

Eu tive a graça de ser o presidente; e, para mim, foi uma glória porque viver e comemorar os cem anos de qualquer entidade já é uma glória. E essa glória vai persistir por mais cem anos, no mínimo. Eu espero que assim seja. Enquanto eu puder viver para o Círculo, eu viverei.

DOUGLAS MACHADO FILHO
(Vice-Presidente)

O que aconteceu na minha vida, ao frequentar o Círculo, foi colocar a minha trajetória no caminho da espiritualidade. É como se fosse uma estrada que eu deveria percorrer para entrar em contato com essa espiritualidade. Não houve um fato maior, foi um "sentir" que, ao frequentar as reuniões, eu me sentia leve, no caminho do bem e da verdade, em contato com a transcendência; e isso me reconfortava. Embora eu tivesse os revezes da vida, me trouxe conforto, esperança e paz.

Hoje, vendo como eu era [...] achava que, como ser humano, você tinha que cuidar de você e se favorecer do mundo espiritual, pensar só em si. Eu era muito voltado só para minha pessoa. E hoje em dia, eu mudei radicalmente a maneira de ser. Hoje, acho que "eu" é que tenho que servir a sociedade, a humanidade.

O Círculo me fez mudar de direção na maneira de pensar. Esquecer de mim e pensar no bem que precisamos transmitir para a humanidade. Porque não adianta falar que o mundo está assim se você não conduz essas almas que precisam ser semeadas; é preciso se autotransformar. Percebi ao longo desses anos que, fazendo para os outros, em consequência, eu recebia um benefício próprio. Hoje em dia, eu dedico uma boa parte do meu tempo para transformar o Círculo num irradiador de conhecimento.

Nós somos muito pequenos para entender a verdadeira espiritualidade, mas acabamos nos desenvolvendo como ser humano.

Eu acredito que o Círculo vai ser o grande irradiador do bem, da verdade e da beleza para a humanidade.

De uma maneira sutil, mas com uma força e uma intensidade, hoje eu sou uma pessoa diferente. Se eu não participasse daqui, veria o mundo de uma forma crítica, catastrófica e aleatória. E é uma visão muito limitada. Hoje em dia, estando aqui, participando, vejo como um estágio que a humanidade está tendo, [com] suas ações dentro das suas limitações; mas tenho esperança de que podemos mudar. Deus criou um paraíso, que é a Terra, e nós precisamos transformá-la; mas o ser humano, pela sua maneira egoísta de ver a vida, acaba transformando esse paraíso num caos.

Depois que eu entrei no Círculo, minha visão de mundo é muito mais positiva, muito mais esclarecida, serena. Não tenho mais a postura crítica que tinha antes. Hoje tenho mais esperança em relação à humanidade.

Antonio Olivio Rodrigues foi um revolucionário no seu tempo. Ele era uma pessoa que me comoveu pelo empenho que teve em desenvolver o Círculo. Era uma pessoa muito avançada, uma pessoa muito próspera; ele usava o pensamento no sentido do desenvolvimento da espiritualidade na prática real. Era um trabalhador incansável e praticou a prosperidade e o pensamento [positivo] ao longo de toda sua vida.

A ação dele era a de uma locomotiva, para impulsionar as pessoas. Muita gente se desenvolveu graças à oportunidade que ele trouxe.

[...] Nós vamos dar um impulso, através do aprofundamento do estudo, lançando livros, apostilas, discussões de temas espiritualistas, além de difusão, de contato com o mundo, pela internet. O nosso centro em São Paulo vai ter contato com o mundo todo. No mesmo horário, os nossos rituais vão ser passados, via internet, para os associados, para fazermos a corrente mental, a Chave de Harmonia. Além de ouvir as palestras, participar das cerimônias. Estamos lutando para isso, para dar [a todos] essa oportunidade.

ÉLCIO LIMA
(Apresentador do programa do CECP na Rádio Mundial)

O principal fator que me prendeu ao Círculo era o fato de ele não ser sectário, e sim universalista. [...] então, apresentei esse projeto para o Círculo ter um programa [radiofônico] — na época, o presidente era o Dirceu Pinheiro —, daí ele começou a me convidar para apresentar as festas do Círculo como mestre de cerimônias, e eu comecei a ter mais contato com a parte interna do Círculo, passei a conhecer mais a diretoria, o grupo de estudos. Até que, passados quase dois anos, ele me chamou para dizer que a diretoria estava aprovando o projeto para termos um programa pela Rádio Mundial — isso no final do ano 2000. O programa estreou no dia 2 de novembro do mesmo ano.

[...] AOR era um visionário. Devemos prestar atenção no fato de que um homem, em 1909, numa sociedade mais manipulada do que é hoje, as mentalidades eram mais fechadas, 86% de analfabetos e a maioria, católica. Imagine isso e aquele homem, sozinho; um operário que provou na vida o que ele ensinou: que é o poder do querer e da disciplina da busca. E esse homem quebrou todas essas barreiras e arrebanhou mentalidades também visionárias, criando uma sociedade que hoje tem cem anos. Se, já naquela época, ele buscava um meio de comunicação que atingisse um grande público, hoje nós temos que buscar isso de uma forma mais atual.

O que AOR nos ensinou? A comunhão do pensamento, todo mundo vibrando na mesma sintonia; daí o Cristo se manifesta; isso é a Chave de Harmonia. O milagre não é do pastor, não é do curador, não é de quem quer que seja, é da comunhão mental; é a manifestação do Cristo através de todos que estão ali, dando a sua contribuição energética. Seria como "a tua fé curou". Jesus nunca disse "eu curo, eu tenho o poder". Então o Círculo só repete o ensinamento do Mestre.

Muita coisa para mim é sagrada, e que acompanha o pensamento do Dr. Nogueira: "ritual, ensinamento — isso não se muda, se conserva"; é um pensamento vivo, energizado. Portanto, conserva-se o cerne, o coração, da essência do Círculo. [Mas] os meios de comunicação, para quem está chegando agora, para quem entende a linguagem de hoje, precisam ser adaptados. Eventos, programas, revistas, internet, vídeos no Youtube; usar o *site*, ter a comunicação direta do filiado, via internet, com o Círculo. Ou então nós vamos ficar para trás. Essas são as sementes que estão sendo cultivadas hoje: como expandir o Círculo e cuidar muito da parte espiritual.

[...] O Círculo começou a me libertar, a me emancipar, e caminhei para um amadurecimento espiritual. A minha visão de mundo passou a ser esta: a de que cada um tem o seu caminho espiritual. Eu acho que todas as religiões são boas, [mas] alguns dirigentes dessas religiões cometem o erro de alimentar um vício que a humanidade tem, que é de querer ter um intermediário para falar com Deus. O Círculo ensina sobre a sua capacidade de ter contato com a divindade, e que está dentro de você, ao seu redor, em tudo. E algumas religiões pegam essa preguiça do homem, alimentam isso: de que [as pessoas] vão chegar à plenitude espiritual através de alguém.

[...] Nós temos jovens filiados que sabem mais do *Livro de Instruções* que filiados com quarenta ou cinquenta anos de Círculo. [Estes] leram uma vez e abandonaram. Ter o *Livro de Instruções* é uma coisa, vivenciá-lo é outra. Há jovens que questionam, que narram relatos de transformação.

[AOR] ensinou uma filosofia de vida através do Círculo Esotérico e provou que dá certo. Ele era a prova viva: ele falou e provou. Usou os dons dele, o talento, numa época completamente avessa a isso, uma época mais castradora ainda; e ele foi rompendo, usando sua mente, seu carisma, a sua fé, até criar tudo que criou. A Editora Pensamento já está com 102 anos, o Círculo Esotérico já vai para 101 anos, o *Almana-*

que do Pensamento já tem quase 100 anos, e foram criados por Antonio Olivio Rodrigues. Ele é um homem a ser seguido.

Hoje, eu acredito na imortalidade da alma. AOR hoje está no grau de mentor, continua responsável por essa Ordem. Quando eu sento para dirigir um ritual, eu vou mentalizar quem? AOR e os patronos que ele elegeu; a fonte onde todos vão beber.

SR. BENIGNO
(do *tattwa* Paulino Penim de Campos, em Santos, SP)

[...] O livro *Viver Bem*, eu distribuo e ando com ele no bolso. Quando converso com alguém sobre esse assunto, tiro o livro do bolso. Se você praticar tudo que ler, tudo que está no livro, depois de uma semana você já não é o mesmo homem. [...] às vezes encontro uma pessoa a quem dei o livro e ela pede mais um, para outra pessoa que está precisando. Há muito tempo eu faço isso; já levei muita gente para o *tattwa*, e muitos se filiaram ao Círculo Esotérico.

[...] O Círculo Esotérico me ensinou que nós nascemos todo dia; quando nos levantamos de manhã é uma nova vida. E se nós prestarmos atenção em tudo que vemos e fazemos, e queremos fazer, nós vamos nos aperfeiçoando. E se, por acaso, não pensarmos dessa forma, nós nunca vivemos. Nós temos que passar isso para os que não sabem e querem aprender. Temos que ter consciência de estar participando da grande egrégora do Universo, senão nunca conseguiremos chegar a lugar nenhum. Se não existir união e respeito de uns para com os outros, não vai adiantar nada. Eu digo sempre: o mundo tem 6,5 bilhões de habitantes e ninguém tem um polegar igual [ao de outra pessoa]; por isso nós temos que respeitar aquele ser que está ao nosso lado, é com ele que nós vamos nos aperfeiçoar. Hoje, eu aprendo com os meus netos e com os meus bisnetos. Quando eu presto atenção em tudo que eles fazem, sempre tem alguma coisa que eu aprendo. Diariamente, vamos aprendendo algo. Todo ser tem duas partes, mas uma parcela da humanidade toma a parte negativa. Existe harmonização em tudo no Cosmos. Eu digo que tem que haver harmonia entre os *tattwas* e o Círculo para termos mais equilíbrio e crescermos mais.

Hoje, eu vivo um dia; amanhã vivo outro completamente diferente. Devemos praticar. Nós somos os eternos aprendizes do Grande Arquiteto do Universo.

RONALDO EDUARDO NOBRE POMBO
(Presidente do *tattwa* Nirmanakaya, no Rio de Janeiro)

[...] Mas o *tattwa* Nirmanakaya tinha muita atividade; a Rádio Roquete Pinto divulgava as conferências, as palestras, no Teatro Municipal, no Ministério da Educação. Participamos em vários lugares. A esposa de Getúlio, Dona Darcy Vargas, participava dos eventos. Ela frequentava as reuniões, as distribuições de cestas básicas, os atendimentos de saúde. E até demos um diploma de Grande Benemérito a Getúlio Vargas, e ele nos deu um terreno, na Rua Conselheiro Josino, para a construção do Hospital Dharmakaya, que funcionou até ser desapropriado pelo governo do estado [...] onde hoje funciona uma parte do INTERG.

[...] Uma grande maioria que entra para o Círculo entra através do *tattwa*. Simpatizando com o que se aprende no *tattwa*, as pessoas se filiam ao *tattwa* e, depois, ao Círculo Esotérico. Quando [então] começam a aprender a enfrentar os problemas da vida; um número imenso de pessoas resolveu problemas na sua vida através das instruções do Círculo Esotérico [...]

Eu creio que o Círculo Esotérico está numa fase de renascimento, mas teve um período em que ele suscitava a pergunta: "Ele ainda existe?" Muitos frequentaram no passado e pensavam que o Círculo não existisse mais. Hoje nós temos que reavivar o Círculo Esotérico da Comunhão do Pensamento.

ELEONI SIQUEIRA FREDERICH

Nos primeiros dias foi realmente uma "chatice", mas eu continuei; fui vendo aquela multidão de gente, todos fazendo as correntes. Então eu continuei lendo o *Livro de Instruções*, até que comecei a transmitir amor para as pessoas, até que consegui uma mudança da água para o vinho. Essa mudança foi uma alegria! Aprendi a conhecer as pessoas, cada uma com seu sofrimento; aprendi a ver as pessoas com bons olhos, mesmo que não fosse recíproco, e hoje eu tenho amor por todos.

[...] Nas festas, nas reuniões, eu encontrava pessoas que não conhecia e aprendia com elas; faziam eu me sentir incluída. Essa convivência sempre foi maravilhosa. Foi um passo muito grande na minha vida, e eu consegui me encontrar. Hoje eu sou uma pessoa calma e feliz.

Marcante para mim foi conversar com o Seu Nogueira, Delegado Geral do Círculo Esotérico. Ele é uma pessoa muito carismática e me ajudou muito; ele era muito humilde.

Se eu não estivesse no Círculo, talvez não tivesse suportado todas as crises, inclusive as financeiras, como as mudanças na economia. Era séria a situação que nós vivíamos naquele momento [anos 1980]. Com o Círculo Esotérico consegui forças para seguir em frente. Por exemplo, no caso do World Trade Center, nós fazíamos orações, nós fazíamos correntes para melhorar aquela situação terrível; [também] com o furacão Katrina, o terremoto do Chile [...]

Hoje, a descrença é geral, mas eu acredito que sempre será melhor do que estamos vivendo hoje. As pessoas só acreditam no caos. Antes de entrar no Círculo Esotérico, eu não vivia, só conseguia cuidar dos meus filhos. Fora isso, eu não via sentido em nada. No Círculo, a mudança foi inexplicável. Hoje, eu faço oração para todo mundo. Nos últimos cinco anos, o que continua me marcando é o *Livro das Instruções*, que é meu livro de cabeceira; também o livro *Iniciação Esotérica*, de Alice A. Bailey, e vários outros.

DIRCE VIVIAN RODRIGUES

[...] as pessoas acham que dinheiro e espiritualidade não combinam, pelo contrário, uma pessoa plena de espiritualidade — Lourenço Prado já falou isso — ela é próspera, ou aprende a sair das situações difíceis e se tornar próspera. Porque se realmente ela não for completamente espiritualizada — mesmo — ela pode não possuir bens[...]mas ser próspero é uma coisa e adquirir bens é outra; e nós temos que ser prósperos[...]

A sala de meditação tem uma bênção, uma vibração de cura lá dentro. Todos os dias, às seis horas da tarde, nós falamos assim: "a corrente angélica, a corrente dos auxiliares invisíveis, a corrente de cura; estão na sala de meditação. A egrégora quer dizer "ser vigilante", um guardião; para nossa vida, para quem é da corrente esotérica.

[...]aconteceu um fato curioso: o Círculo nos ensina a mentalizar a pessoa ideal para nós, ela mentalizou um ator de cinema (francês) chamado Charles Boyer, como sendo o amor da vida dela — apareceu um moço, idêntico ao Charles Boyer, a mesma voz, igual ao ator — ela sempre nos falava: "*quando fosse mentalizar alguma coisa, pensar com muito cuidado no que quisesse*"; ela mentalizou tudo direitinho, mas esqueceu de mentalizar que o pretendente teria que ser solteiro e o que veio para ela era casado.

Ela foi almoçar com esse rapaz e "viu" no astral uma mulher (que estava na mente dele) e era a esposa do pretendente — por isso ela nunca mais quis se casar, ela era bem jovem ainda, mas a partir disso, passou a se dedicar totalmente ao Círculo. Temos que tomar cuidado com a mentalização, sermos específicos.

O Círculo é o legado do Antonio Olívio; se você lê alguma coisa dele, você vê que tem muito pouco dele — ele se escondeu —, deixou a obra ir para frente e não ele. E o bonito do Círculo é que ele tirou essa hierarquia; porque, pense bem: um novato pode estar mais evoluído do que eu que estou aqui há trinta anos, e isso é maravilhoso. No Círculo as portas estão sempre abertas. Não há esse tipo de convenção, e as iniciações que tem no Círculo, elas são feitas no invisível, em sonhos... As compreensões espirituais do Círculo, elas vêm individualmente, para cada pessoa. Eu fico pensando: Será que eu sou capaz de viver sem o Círculo? Não sou..."

JOSÉ ANTONIO FERREIRA LEITE FILHO

Eu me associei, recebi o material, a revista mensal — que leio e passo para outras pessoas porque são mensagens que elevam, constroem e nos ajudam a viver num mundo tão conturbado. Para ensinar o mentalismo, o equilíbrio; isso tudo é muito válido para qualquer pessoa. Eu estou sempre falando [para as pessoas] do Círculo Esotérico da Comunhão do Pensamento.

[Depois que eu entrei no CECP, houve] uma mudança muito forte; antes eu não tinha noção de perspectiva, de profundidade. O Círculo é conhecimento e, quando conhece, você passa a pensar diferente, agir diferente. Tem uma frase, tirada de algum livro do Círculo — eu não lembro o autor —, que é assim: "A integridade moral lhe dá autêntica liberdade porque você nada tem a temer e nada tem a esconder". Liberdade é não ter segredos, é estar em paz com Deus e com o mundo.

[...] Os cem anos do Círculo Esotérico é a colocação de um novo agir diante do mundo em que nos encontramos. É preciso divulgar mais, com os amigos, parentes, com a família, a importância de ter o conhecimento esotérico, elevado. Isso nos ajuda muito. É como se estivesse sempre ao nosso lado uma pessoa dotada de uma tonelada de conhecimentos e que, a todo o momento, pudéssemos consultá-la. O Círculo Esotérico representa isso na vida das pessoas que estão filiadas a ele. Eu desejo muitos e muitos séculos pela frente [ao CECP], com os princípios de sabedoria do grande AOR, para que tenhamos, com isso, uma vida mais amena, mais inteligente e mais sábia.

ANEXO

IV

Composição da Atual Diretoria do CECP

DIRETORES
Presidente Delegado Geral: José Maria Nogueira
Vice-Presidente: Douglas Machado Filho
Presidente do Supremo Conselho: Eli José Simões
Diretora Secretária Geral e Grande Oradora: Marilena Zanon
Diretor Administrativo: Douglas Machado Filho
Diretor Financeiro: Clineo da Costa Gaia Jr.

VOGAIS
Divino Mariano
Jorge Domingos Battak
Humberto Augusto Alexandre
Fabio Luiz Giannattasio
Magda Nutti Oliveira Giannattasio

CONSELHO FISCAL
Presidente: Tereza Pinto Gonçalves
Secretário: Francisco Antonio Ferri
Membro: Alda Teixeira Lima

SUPLENTES
Clayt Cavalleiro Walendy
Dirce Vivian Rodrigues

FONTES

Entrevistados:

Dirce Vivian Rodrigues, Dirceu Pinheiro, Douglas Machado Filho, Eleone Siqueira Frederich, Élcio Lima, José Antonio Ferreira Leite Filho, José Maria Nogueira, Ronaldo Eduardo Nobre Pombo (*tattwa* Nirmanakaya), Sr. Benigno (*tattwa* Paulo Penim de Campos), Valdir Poveda Caldas.

Periódico:

Revista *O Pensamento,* de 1907 a 2009.

Fontes Eletrônicas

Antiga e Mística Ordem Rosacruz (AMORC)
http://www.amorc.org.br/

Círculo Esotérico da Comunhão do Pensamento
http://www.circuloesoterico.com.br/

Fraternidade Rosacruciana de São Paulo
http://www.maxheindel.org/

Fraternidade Rosacruz do Brasil
http://www.rosacruzdobrasil.org.br/qsomos.htm

Fraternidade Rosacruz Antiqua
http://www.fra.org.br/home.htm

Hermanubis Martinista
http://www.hermanubis.com.br/index.html

Instituto Neo-Pitagórico
http://www.pitagorico.org.br/

Instituto Itaú Cultural
http://www.itaucultural.org.br/

Livraria Cultura
http://www.livrariacultura.com.br

Ponte para a Liberdade
http://www.ponteparaaliberdade.com.br/

Pax Universal
http://www.pax.org.br/

Rosacruz Áurea
http://www.rosacruzaurea.org.br

Sociedade Brasileira de Eubiose
http://eubiose.org.br/

Sociedade Teosófica no Brasil
http://www.sociedadeteosofica.org.br/

Sociedade das Ciências Antigas
http://www.sca.org.br/

Wikipedia
http://pt.wikipedia.org/

BIBLIOGRAFIA

ADYSVARANANDA, Swami, *Vivekananda — Professor Mundial*, São Paulo, Madras, 2007.

AZEVEDO, Antonio Carlos do Amaral, *Dicionário de Nomes, Termos e Conceitos Históricos*, 3ª edição ampliada e atualizada, Rio de Janeiro, Editora Nova Fronteira, 1999.

BENNASSAR, Bartolomé & MARIN, Richard, *História do Brasil*, Lisboa, Teorema, 2000.

BLAVATSKY, Helena P., *Glossário Teosófico*, 3ª edição, São Paulo, Editora Ground, 1995.

BROCA, Brito, *A Vida Literária no Brasil — 1900*, Rio de Janeiro, José Olímpio Editora, 2004.

BUENO, Eduardo, *Brasil: Uma História — A Incrível Saga de um País*, São Paulo, Editora Ática, 2002.

BUENO, Taciano, *O Espiritismo Confirmado pela Ciência*, São Paulo, J. R. Editora, 2006.

CAMARGOS, Márcia, *Villa Kyrial — Crônica da Belle Époque Paulistana*, 2ª edição, São Paulo, Ed. SENAC São Paulo, 2000.

CARNEIRO, Maria Luiza Tucci (org.), *Minorias Silenciadas — História da Censura no Brasil*, São Paulo, FAPESP/EDUSP, 2002.

CAVALCANTI, Pedro & DELION, Luciano, *São Paulo: A Juventude do Centro*, São Paulo, Grifo Projetos Históricos & Editoriais, 2004.

CAVENDISH, Richard (ed.), *Enciclopédia do Sobrenatural*, Porto Alegre, L&PM Editora, 2002.

CHAUI, Marilena, *Brasil — Mito Fundador e Sociedade Autoritária*, São Paulo, Editora Fundação Perseu Abramo, 2004.

CHEVALIER, Jean & GHEERBRANT, Alain, *Dicionário de Símbolos — Mitos, Sonhos, Costumes, Gestos, Formas, Figuras, Cores, Números*, Rio de Janeiro, José Olympio Editora, 2000.

Círculo Esotérico da Comunhão do Pensamento, *Instruções*, São Paulo, 1997.

Coleção Mistérios do Desconhecido, *Seitas Secretas*, Rio de Janeiro, Abril Livros/Time-Life, 1992.

CUNHA, Euclides da, *Os Sertões — Campanha de Canudos*, São Paulo, Ateliê Editorial, 2002.

D'ARAÚJO, Maria Celina, *O Estado Novo*, Rio de Janeiro, Jorge Zahar Editor, 2000.

DE GERIN, Ricard L., *História do Ocultismo*, Rio de Janeiro, Bloch Editores, 1966.

DOUCET, Friederich W., *O Livro de Ouro das Ciências Ocultas*, Rio de Janeiro, Ediouro, 1990.

Doyle, Arthur Conan, *História do Espiritismo*, São Paulo, Editora "O Pensamento", 1952.

DRURY, Nevill, *Dicionário de Magia e Esoterismo*, São Paulo, Editora Pensamento, 2004.

DURVILLE, Heitor, *Magnetismo Pessoal*, São Paulo, Emp. Editora "O Pensamento", 1907.

_____, *Magnetismo Pessoal — Edição de Centenário*, São Paulo, Editora Pensamento, 2007.

FAUSTO, Boris, *História do Brasil*, São Paulo, EDUSP, 2004.

FLOREAL, Sylvio, *Ronda da Meia-noite — Vícios, Misérias, Esplendores da Cidade de São Paulo*, São Paulo, Boitempo Editorial, 2004.

HOMEM, Maria Cecília Naclério, *O Palacete Paulistano & Outras Formas Urbanas de Morar da Elite Cafeeira (1867-1918)*, São Paulo, Martins Fontes, 1996.

J. VAN Rijckenborg, *Filosofia Elementar da Rosa Cruz Moderna*, Jarinu/SP, s/d.

_____, *O Confessio da Fraternidade Rosa Cruz*, São Paulo, Rosa Cruz Áurea, 1987.

JANOVITCH, Paula Ester, *Preso por Trocadilho — A Imprensa de Narrativa Irreverente Paulistana — 1900–1911*, São Paulo, Alameda, 2006.

JOÃO DO RIO, *As Religiões do Rio*, Coleção Sabor Literário, Rio de Janeiro, José Olympio Editora, 2006.

JOMANO, *Onde Está Deus?*, São Paulo, Elevação, 2001.

KINNEY, Jay (org.), *Esoterismo e Magia no Mundo Ocidental*, São Paulo, Editora Pensamento, 2006.

LENAIN, *A Ciência Cabalística*, São Paulo, Martins Fontes, 1986.

LEVI, Eliphas, *As Chaves dos Grandes Mistérios*, São Paulo, Editora Pensamento, 1973.

_____, *Dogma e Ritual da Alta Magia*, São Paulo, Editora Pensamento, 1988.

_____, *História da Magia*, São Paulo, Editora Pensamento, s/d.

LEXIKON, Herder, *Dicionário de Símbolos*, São Paulo, Editora Cultrix, 2000.

LACERDA FILHO, Licurgo S. de, *Os Primeiros Anos do Espiritismo e Mediunidade no Brasil*, Araguari/MG, Minas Editora, 2005.

LOPES, Adriana & Mota, Carlos Guilherme, *História do Brasil — Uma interpretação*, São Paulo, Editora SENAC São Paulo, 2002.

LORENZ, Francisco Valdomiro, *Uma Obra com Vida*, São Paulo, Editora Lorenz, 2000.

LURKER, Manfred, *Dicionário de Simbologia*, São Paulo, Martins Fontes, 2003.

MAGNANI, José Guilherme, *O Brasil da Nova Era*, Rio de Janeiro, Jorge Zahar Editor, 2002.

MARQUES DA COSTA, Angela & Schwarcz, Lilia Moritz, *João do Rio — Um Dândi na Cafelândia*, São Paulo, Boitempo Editorial, 2004.

MARTINS, Ana Luiza, *Revistas em Revista — Imprensa e Práticas Culturais em Tempo de República*, São Paulo, EDUSP/FAPESP, 2001.

MONTEIRO, Eduardo Carvalho, *100 Anos de Comunicação Espírita em São Paulo*, São Paulo, Madras Espírita, 2003.

MULFORD, Prentice, *Nossas Forças Mentais*, 3 vols., São Paulo, Editora Pensamento, 2004.

PAPUS, *ABC do Ocultismo*, Martins Fontes, São Paulo, 2003.

POMPEU de Toledo, Roberto, *A Capital da Solidão — Uma História de São Paulo das Origens a 1900*, Rio de Janeiro, Objetiva, 2003.

PORTA, Paula, *História da Cidade de São Paulo*, volume 3, São Paulo, Paz e Terra, 2004.

PRADO, Lourenço, *Alegria e Triunfo*, São Paulo, Editora "O Pensamento", s/d.

_____, *Dinamismo Espiritual*, São Paulo, Editora Lorenz, 1995.

_____, *Equilíbrio e Recompensa*, São Paulo, Editora Pensamento, 2004.

RAMACHANDRA, Adilson Silva, *Pensamento em Mutação*, São Paulo, Editora Pensamento, 2007.

REIS, Daniel Aarão, *Ditadura Militar, Esquerdas & Sociedade*, Rio de Janeiro, Jorge Zahar Editor, 2002.

RELI, Mauro Alfredo Chagas, *Rosacrucianismo sem Véus, A Verdade que Faltava*, Coleção Documentos, São Paulo, FA Editora, 2001.

RIEDEL, Arthur, *Hei de Vencer*, São Paulo, Editora "O Pensamento", 1952.

SALIBA, Elias Thomé, *Raízes do Riso — A Representação Humorística na História Brasileira: da Belle Époque aos Primeiros Tempos do Rádio*, São Paulo, Companhia das Letras, 2008.

SEVSENKO, Nicolau, *Literatura como Missão — Tensões Sociais e Criação Cultural na Primeira República*, São Paulo, Companhia das Letras, 2003.

_____, *Orfeu Extático na Metrópole — São Paulo, Sociedade e Cultura nos Frementes Anos 20*, São Paulo, Companhia das Letras, 2009.

_____, (org.), *História da Vida Privada no Brasil vol. 3 — República: da Belle Époque à Era do Rádio*, São Paulo, Companhia das Letras, 2008.

SCHLESINGER, Hugo & Porto, Humberto, *Dicionário Enciclopédico de Religiões*, Petrópolis, Vozes, 1995.

SCHOROEDER, Gilberto, *Dicionário do Mundo Misterioso — Esoterismo, Ocultismo, Paranormalidade e Ufologia*, Rio de Janeiro, Nova Era, 2001.

SCHWARTZ, Lilia Moritz (org.), *História da Vida Privada no Brasil, vol. 4 — Contrastes da Intimidade Contemporânea*, São Paulo, Companhia das Letras, 2008.

SESSO Jr., Geraldo, *Retalhos da Velha São Paulo*, São Paulo, OESP-MALTESE, 1986.

STANISLAS DE GUAITA, *No Umbral do Mistério*, São Paulo, Martins Fontes, 1985.

TENÓRIO D'ALBUQUERQUE, A., *A Maçonaria — A Grandeza do Brasil*, Rio de Janeiro, Editora Aurora, s/d.

TRIGUEIRINHO, *Glossário Esotérico*, 3ª edição, São Paulo, Editora Pensamento, 1997.

SOBRE O AUTOR

Adilson Silva Ramachandra é escritor, pesquisador e proprietário da empresa Straässwark Consultoria em Projetos Históricos e Editoriais Ltda. Trabalha como consultor editorial para a Editora Pensamento–Cultrix e a Editora Aleph. Tem 37 anos e mora em São Paulo.